EXPLORE ANCIENT CIVILIZATION
探索古文明

CHINA

中国

五千年华夏文明

童超 ◎ 主编

石油工业出版社

图书在版编目（CIP）数据

探索古文明. 中国 / 童超主编. — 北京：石油工业出版社，2022.2
ISBN 978-7-5183-4652-3

Ⅰ.①探… Ⅱ.①童… Ⅲ.①中华文化 – 青少年读物 Ⅳ.① K103-49

中国版本图书馆 CIP 数据核字（2021）第 095072 号

探索古文明：中国

童超 主编

出版策划：王　昕
责任编辑：姜　燕
责任校对：刘晓婷
出版发行：石油工业出版社
　　　　　（北京安定门外安华里 2 区 1 号楼　100011）
　　　　　网　　址：www.petropub.com
　　　　　编辑部：（010）64523616　64252031
　　　　　图书营销中心：（010）64523731　64523633
经　　销：全国新华书店
印　　刷：北京中石油彩色印刷有限责任公司
2022 年 2 月第 1 版　2022 年 2 月第 1 次印刷
710×1000 毫米　开本：1/16　印张：15
字数：200 千字
定价：49.00 元

版权所有，翻印必究
如出现印装质量问题，我社图书营销中心负责调换

前言

以史为鉴，可以思接千载、视通万里，可以把握中国社会治乱兴替的内在规律，洞悉修齐治平的永恒智慧。然而，中华上下五千年，人物事件众多，神话与传说并存，正史与野史交错，头绪繁多，内容庞杂。方方面面的内容如果未经梳理就杂乱无章地堆积在一起，往往会使读者一头雾水。除了典籍和史料所承载的历史之外，文物、遗址、古迹、艺术作品等，也同样反映着真实的历史。通过科学的架构把上述内容有机地组织在一起，就能让青少年更清晰地了解历史，进而洞悉历史的真实和智慧。

本书按照不同的历史分期，通过科学的体例、模式来整合、讲述中国历史。以编年为经，以各个历史时期影响社会进程的重要人物和事件为纬，经纬交织，内容涵盖政治、经济、军事、中外交往、艺术、思想、科技、社会生活等方方面面。将中华上下五千年的历史融于这一本书中，使广大青少年能够更清晰地了解中国历史的发展脉络，并在一个个小故事中理清中国历史的发展线索。全书一共精选五十余则故事，上百幅图片，生动、真实、客观、全面地再现了中国历史发展进程中的精彩瞬间和丰富内涵。每一个故事都蕴含了或高亢激昂或哀婉悲壮的场景，不断唤起人们内心尘封的记忆，促使人们与历史进行亲密接触，深入探寻历史中所蕴藏的民族智慧和民族精神。正文中随机穿插的花絮和专题与章节主旨紧密地结合在一起，使知识信息更为密集，从而营造出一种全息的知识镜像。通过文字，可以感受历史镜像；而通过图片，则可以直观解读历史。本书图片与文字相得益彰，全景式再现五千年文明的华美画卷，展现中国历史和文化的源远流长、博大精深，使广大读者深刻感受中国文化的底蕴，从而产生心灵的震撼和思维的启发……

玉龙

中国国家博物馆藏。1971年，在内蒙古自治区翁牛特旗赛沁塔拉村出土的玉龙，是新石器时代红山文化的代表，也是华夏龙文化的具象表现。玉龙由墨绿色岫岩玉雕琢而成，周身光洁，长吻修目，躯体蜷曲若钩，造型生动，做工精美，被誉为"中华第一龙"。

何尊

宝鸡青铜器博物院藏。何尊出土于1963年，制成于西周初期，内底有铭文119字，记述了西周文王受命、武王灭商和成王建洛邑两大重要历史事件。此外，何尊的铭文中出现了目前所知最早的、明确提出"中国"这一专有名词，这对了解和认识中华民族的过去、现在和未来都具有重要意义和价值。

长信宫灯

河北博物院藏。1968年在河北满城县西汉中山靖王刘胜妻窦绾墓中被发掘,是国宝级别的文物,它的绝妙之处在于其蕴含的环保理念。美国前国务卿基辛格曾这样评价长信宫灯:"你们中国人太了不起了,两千多年前就有了环保意识,长信宫灯可能是全世界最早的节能环保灯了。"

错金博山炉

　　河北博物院藏。西汉错金博山炉高 26 厘米,炉身为半圆形,通体满布错金纹饰,其盖呈山形,层峦叠嶂,走兽出没,云气缭绕,富于灵动之气。此炉融合仙山、大海、神龙、异兽等多种元素,反映出汉代人求仙、长生的愿望,以及汉王朝"包举宇内,囊括四海"的胸怀与气度。

无款《出警图》和《入跸图》（局部）

中国台北故宫博物院藏。《出警图》和《入跸图》描绘的是明代一支庞大的皇家谒陵队伍，由北京德胜门出发，作者沿途铺设盛大的卫仪阵容，直至明朝历代皇帝陵寝所在地天寿山，即今天的十三陵。整个画卷构图简洁明快，笔法中规中矩，一丝不苟，文武百官队列整齐，仪仗侍卫井然有序，郊野春景，桃红柳绿，体现了明代宫廷绘画的高超技艺。

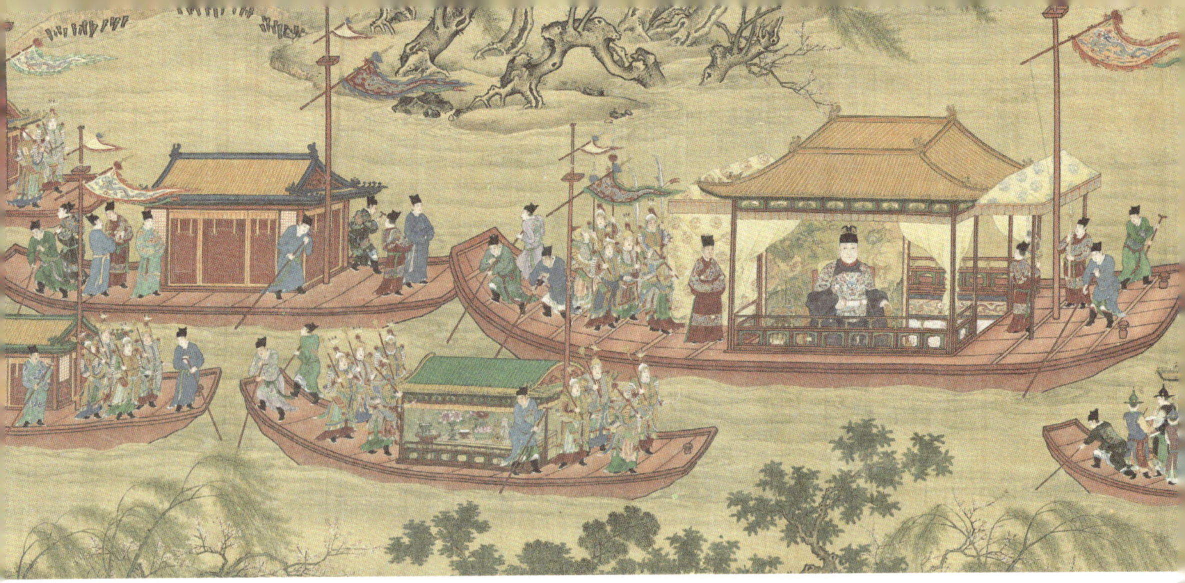
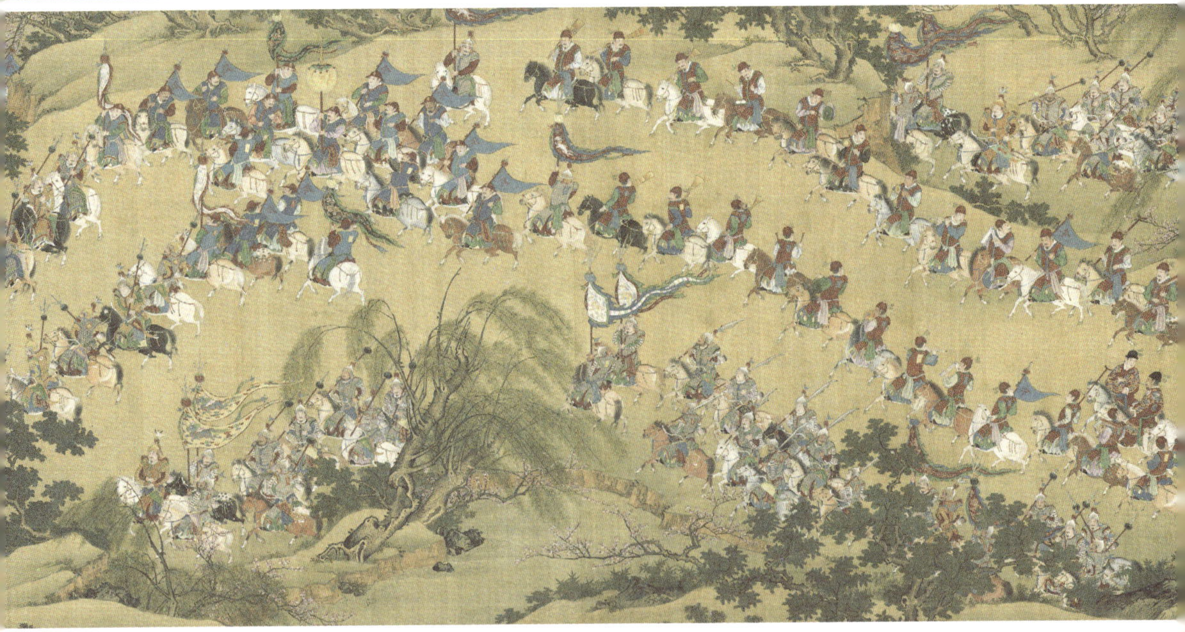
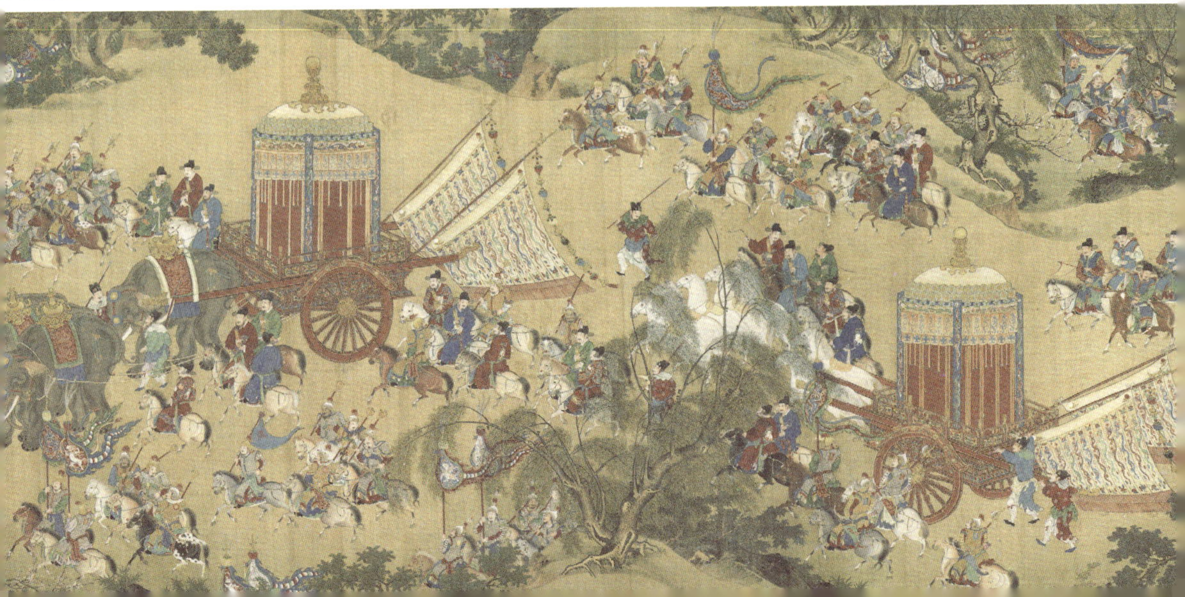

翠玉白菜

中国台北故宫博物院藏。相传这个白菜翠玉雕是清光绪帝妃子瑾妃的嫁妆之一,含多重美好寓意。白菜谐音百财,寓意财富,或清白、纯洁。菜叶上的两只昆虫寓意多子多孙。整体而言,自然材质、匠心设计、意蕴象征,这三者充分而完美地结合,最终成就了"翠玉白菜"这一不可多得的玉雕珍品。

粉彩镂空转心瓶

中国国家博物馆藏。这只转心瓶制于清乾隆时期，它最独特之处是瓶颈与肩部各绘有十二组开光，颈部开光中写有十位天干名称，肩部开光中有十二位地支名称。当瓶子旋转时，颈和肩部的两组开光对合变化，便会组成一部万年历。将转心瓶旋转的特性用来完成天干地支的组合，实在是别出心裁、巧夺天工的设计。

目录

第一章

追寻先祖的足迹：传说时代·夏·商·西周

开天辟地 / 2

先祖黄帝 / 6

大禹治水 / 10

"家天下" / 14

商的兴衰 / 16

分封诸侯 / 18

第二章

争鸣与争雄的时代：春秋·战国

亡命公子重耳 / 24

卧薪尝胆 / 28

儒学宗师孔子 / 32

三家分晋 / 36

商鞅变法 / 38

长平之战 / 42

第三章

一个民族强盛的起点：秦·汉

秦王扫六合 / 48

大泽乡的吼声 / 51

专题：尘封地下的军团 / 54

楚汉争霸 / 58

汉武帝的雄心伟业 / 61

得陇望蜀的光武帝 / 66

第四章

动荡纷争四百年：三国·两晋·南北朝

赤壁烽火 / 72

曹魏政权的成败 / 76

八王之乱 / 80

王马共天下 / 84

舍身事佛的梁武帝 / 88

坚持改革的北魏孝文帝 / 90

第五章

梦回千年的盛世华章：隋·唐·五代

昙花一现的隋朝 / 96

贞观之治 / 100

千古女皇 / 104

盛世华梦唐玄宗 / 108

满城尽带黄金甲 / 112

全忠不"全忠" / 114

专题：唐三彩 / 116

问君能有几多愁 / 118

柴荣北伐 / 121

第六章

昌文偃武的时代：宋

赵宋王朝的诞生 / 126

澶渊之盟 / 131

靖康之耻 / 136

赵构偏安 / 142

撼山易，撼岳家军难 / 144

"绍兴和议" / 150

留取丹心照汗青 / 153

第七章

金戈铁马踏出的王朝：辽·西夏·金·元

耶律阿保机建辽 / 158

承天太后 / 166

李元昊建西夏 / 169

西夏灭亡 / 173

完颜阿骨打建金 / 178

一代天骄成吉思汗 / 180

忽必烈建元 / 185

第八章

万里长城拱卫的社会：明

从和尚到皇帝 / 192

靖难之役 / 194

专题：明代瓷器 / 198

抗倭名将戚继光 / 200

崇祯帝自缢煤山 / 203

第九章

嬗变中的东方王朝：清

皇太极建清 / 208

康熙帝削藩 / 211

统一台湾 / 214

乾隆大帝 / 217

虎门销烟惊中外 / 220

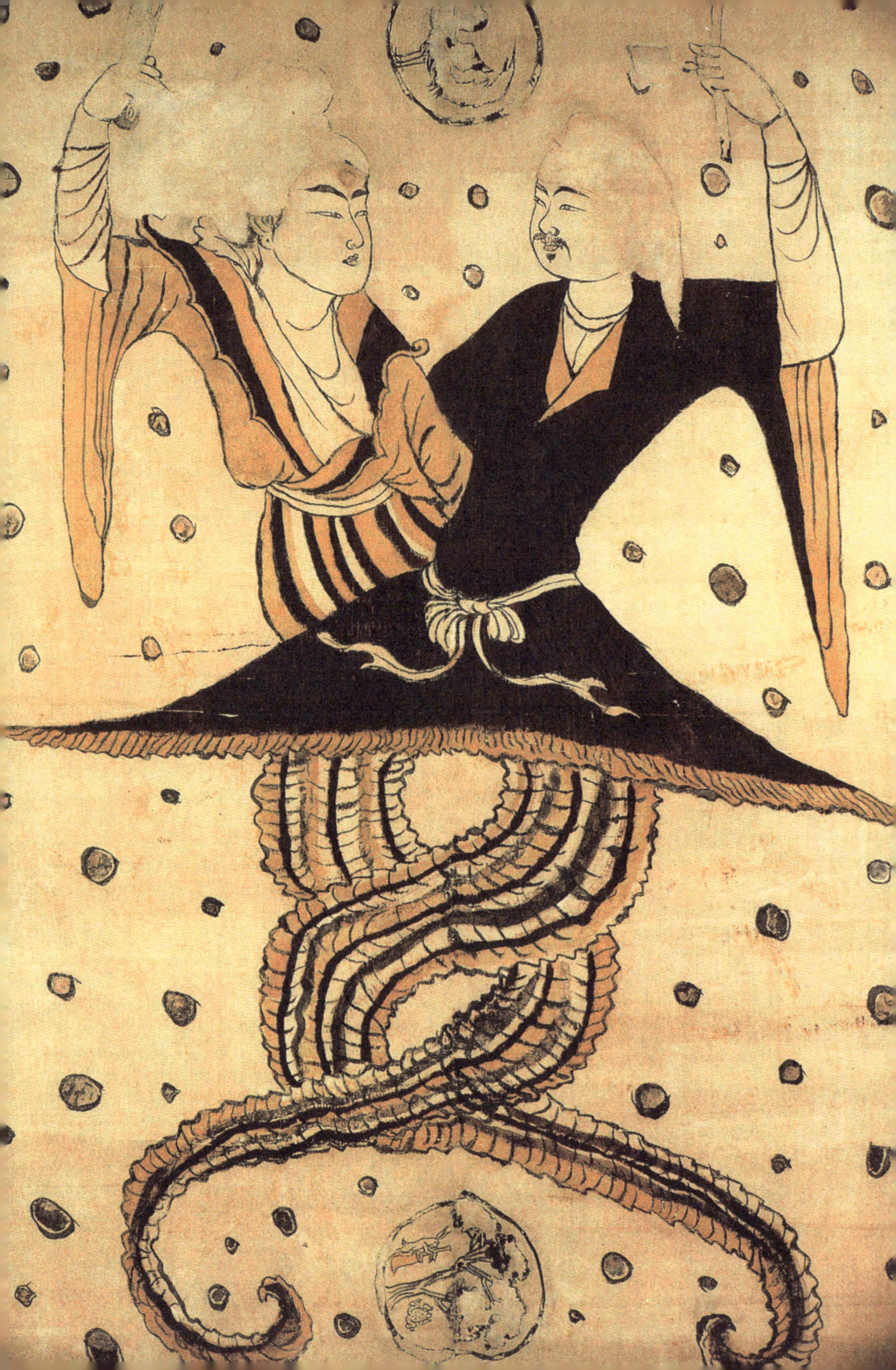

第一章

追寻先祖的足迹：
传说时代·夏·商·西周

　　尽管上古神话传说的真实性有待考证，但其中所蕴含的是先民自我意识的觉醒，以及敢于向大自然抗争的无畏精神。自禅让制被"家天下"的世袭制所取代，"王权"变得至高无上，却也成了引发社会迭代的根源。

　　夏桀无道，成汤吊民伐罪，取而代之。盘庚迁殷，始为中兴。商纣残暴，人心叛离。文王治岐，民心所向。武王会诸侯八百以伐纣，周王朝走上历史的舞台。

先祖黄帝　　商的兴衰　　分封诸侯

开天辟地

上古时期

> 按照传统的逻辑思维,神话传说的源头当然是天地的开辟,然后万物产生、人类诞生,但以先民贫乏的自然知识和更多感性而非理性的思维来考量,他们很难认识到世界本源的问题。中国上古的创世神话,实际上比造人神话起源要晚。

诗人屈原在他的伟大诗篇《天问》中写道:"遂古之初,谁传道之?上下未形,何由考之?""圜则九重,孰营度之?惟兹何功,孰初作之?"意思是问,上古天地开辟究竟是谁的功劳,谁又能将真相传给后世?这说明直到战国时代,黄河、长江流域可能还没有产生可为人们广泛接受的创世神话。现在我们习惯说的"盘古开天辟地",完整的记载最早出现在三国时代的《三五历纪》中。

众说纷纭的创世神话

许多古人都想运用神话传说来解释天地的开辟,但大多不成体系,没有多大影响力。所谓"混沌初开",《庄子》里说混沌是中央的天帝,没有眼耳口鼻,他的两个朋友"倏"和"忽"帮他凿通七窍,混沌却就此呜呼哀哉了。倏、忽是指时间,也就是说时间改变了世界。

《山海经》中提到钟山有个烛龙神,人面蛇身,通体红色,体长有一千里(一里为五百米),它只要睁开眼睛,天地间就变成白昼,闭上眼睛,天

盘古像·南宋

南宋时期的《盘古像》，描绘了开天辟地的华夏始祖盘古的形象。其构想之奇特、画风之古朴、气势之宏大，在中国众多历史人物画像中也是极为罕见的。

地间就变成黑夜，这似乎含有先民神话的影子。汉代《淮南子》中说，宇宙初始混沌一片，后来生出了阴、阳二神，创造出了天地万物。

古人期盼得知天地开辟的真相，但他们又无法接受过于哲学化或过于笼统的解释，而是希望创造出更为形象化的神话传说来。就在这种要求下，神话中的盘古终于获得了创世神的资格。

盘古开天辟地

盘古开天辟地的故事最早被记录在三国时代徐整的《三五历纪》中。据说，混沌未分的时候，宇宙好像一个硕大无比的鸡蛋，没有声音，没有光亮，到处漆黑一片，有个名叫盘古的巨人就在里面孕育和成长。经过了一万八千年，盘古再也无法忍受这种暗无天日的生活，于是大吼一声，抄起一把巨大而锋利的斧头，狠狠地向四周劈去。只听一声巨响，"大鸡蛋"裂开了，里面所有的东西都冲了出来，其中，轻而清的就往上浮，变成了天，重而浊的往下沉，变成了地。

盘古担心天地会重新合并到一起，他便用手托着天，用脚踏着地，从此跟随着天地的生长而生长。就这样又过了一万八千年，天变得极高，地变得极厚，而盘古也成了顶天立地的巨人，像一根柱子似的屹立在天地之间。

后来的一天，盘古太累了，再也支撑不住身体而倒了下去。临死时，他呼出的气变成了风和云；声音变成了轰鸣的雷霆；左眼变成了太阳，照耀大地；右眼变成了月亮，点亮黑夜；肌肉变成了沃土，滋养万物；血液变成了江河，奔腾不息；筋脉变成了道路，

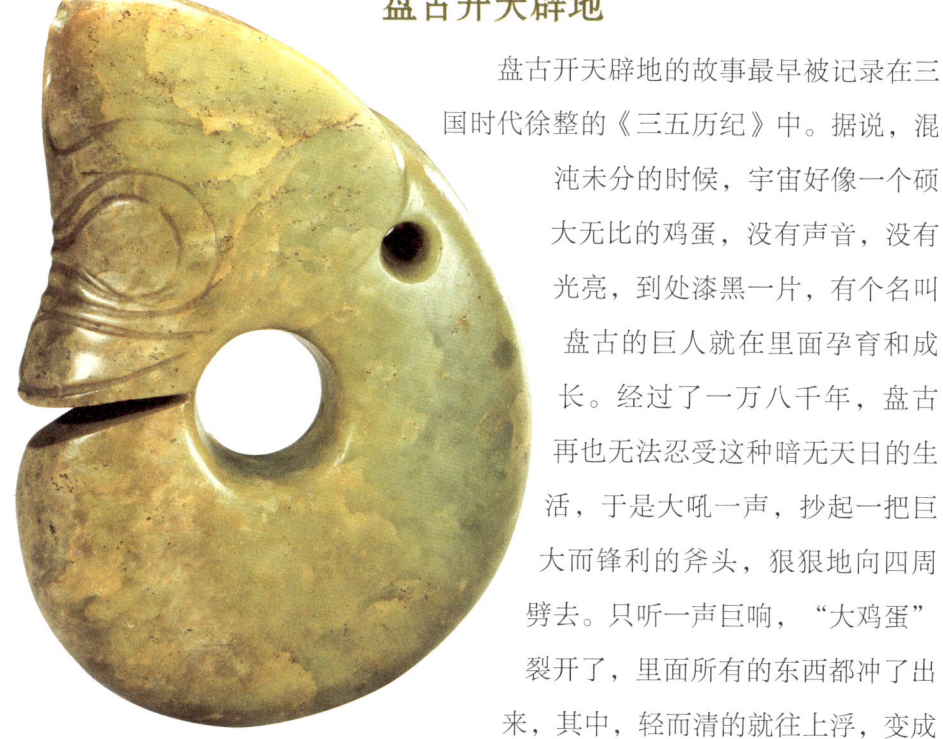

玉猪龙·红山文化

这件出土于辽宁建平牛河梁的玉佩，带有鲜明的新石器时代红山文化的特征。玉佩由青绿色玉料制成，造型为蜷曲的兽形，中央为圆孔，背脊有圆穿孔。这件玉器是中国新石器时代文明的重要见证。现藏于中国国家博物馆。

指引方向；头发和胡须变成了星辰，点缀天空；皮肤和汗毛变成了花草树木；就连流出的汗水也变成了雨露和甘霖；牙齿、骨头变成了闪光的金属、坚硬的石头和晶亮的珍珠玉石。

盘古用他的一生和整个身体孕育了世间万物，由此受到人们世世代代的景仰。

> 世界很多民族的神话传说中，巨人和创世传说都密不可分，且巨人的身体都能化为世间万物。也许在先民的意识里只有人类才有智慧改变世界，而只有伟大的人类才有力量创造世界吧。

夸父逐日

盘古将自己的身体化作了天地间的万物，而在《山海经·大荒北经》中记载的另一个神话传说"夸父逐日"，也有类似的描写。

相传远古时候，在北方大荒山中一座叫作"成都载天"的山上，居住着一位巨人，名叫夸父。夸父相貌古怪，手握两条黄蛇，耳朵上还挂着两条黄蛇，他力大无比，善于奔跑。有一次，夸父突发奇想：太阳落下山，黑夜就要降临，我不喜欢黑夜，我要光明，如果我捉住太阳的话，那黑夜就再也不会降临了。于是，他马上迈开大步，朝着太阳西斜的方向追去。

眨眼间，夸父就跑出了几千里远，追到一个叫作禹谷的地方，抬头一看，太阳似乎就在眼前。他高兴极了，但也感到浑身燥热、非常口渴，于是就跑到黄河边喝水，把黄河的水都喝干了，却仍不解渴。他掉头向北方跑往大泽，那里的水够他喝。可惜还没到达，夸父就渴死在半路上了。临死时，他手里的拐杖掉落在地上，化为一片桃林，他的身躯也化作了一座大山。

世界很多民族的神话传说中，巨人和创世传说都密不可分，且巨人的身体都能化为世间万物。也许在先民的意识里只有人类才有智慧改变世界，而只有伟大的人类才有力量创造世界吧。

探索古文明 中国

先祖黄帝

上古时期

黄帝、炎帝都是华夏民族的先祖,在有的传说里他们本是亲兄弟,一个管理北方,一个管理南方。还有传说黄帝行仁政,而炎帝无道,所以他们之间爆发了战争。但这些传说无法被普通民众接受,因此流传得并不广。

上古神话传说经过后世文人学者的加工,逐渐向完全相反的两个方向演化。一个方向是彻底神化,把原本半人半神的英雄人物都描绘成无所不能的天神;另一个方向是圣王化,淡去神怪色彩,尽量向民众所能接受的方向靠拢。如果说在秦汉时期伏羲和太昊的传说被合为一体,那么其中伏羲则被认定是神性的代表,而太昊是

黄帝像
黄帝是华夏部落联盟领袖,和炎帝并称为中华民族的始祖。

人性的代表；如果说在秦汉时期神农和炎帝的传说也合为一体，那么神农则被认定是神性的代表，而炎帝是人性的代表。神话传说中神性和人性能够完全结合的，恐怕就只有黄帝了。

昆仑山上的宫殿

按照神话的说法，黄帝也可以写作"皇帝"，是指"皇天上帝"（一说指黄土地的中央），是最尊贵的神灵，是中央的天帝。黄帝在下界的帝都位于昆仑山，山上的宫殿极其雄伟，朝向四方的每一面都有九扇大门。正门开向东方，名为"开明门"，由一只叫"开明兽"的神兽守护着。宫殿分为五城十二楼，最高的地方生长着一株高四丈、粗五围的稻谷——这说明黄帝本身和农业也有着千丝万缕的联系。宫殿四周都生长着繁茂的玉树，有凤凰和鸾鸟栖息在上面。其他各种神奇之物和居住在宫殿中服侍黄帝的神灵，多得数都数不过来。

昆仑山如同重重宫阙，据说共有九重，总高一万一千里一百一十四步二尺六寸。昆仑山下有名叫"弱水"的深渊，还有昼夜燃烧的火山。总之，人类想要登上这座神山是完全不可能的。

鼎湖飞升

在另一体系的黄帝传说中，这位天帝走向人间，成了一位人类的贤君圣王。他仍然威风凛凛，但性格中包含了

> 谁来与我决一死战！

刑天

刑天的传说神话色彩极浓，反映了中国远古时代氏族部落之间血腥斗争的历史。

探索古文明 中国

轩辕问道图·明·石锐

石锐，字以明，明宣德年间的宫廷画家。此图描绘黄帝轩辕氏至崆峒山向广成子问道的故事。在古松、老树的掩映下，轩辕氏与广成子对坐论道；二人身后侍者十八人，或持杖而立，或端茶相侍，或为吃食而忙。画作场面宏大，气氛肃穆，构图疏朗。

更多宽厚仁慈的因素。黄帝也被称为有熊氏或者轩辕氏，先民的许多发明创造都被认为是他完成的。从"轩辕"的名字就可以看出，他发明过车辆，据说船也是他创造出来的。

先民最早是和许多动物一样居住在洞穴中，但这样很容易受到野兽的侵袭。据说后来出了一位伟人，教大家学习鸟类，用树枝在树上筑巢，可以避免被地上的猛兽侵扰，这位伟人因此被称为"有巢氏"。但是住在树上终究不方便，于是，黄帝发明了房屋，用竹、木以及石头垒起墙壁，这样野兽就进不来了。此外，黄帝还制定了服饰，创制了兵器和阵法。

这位黄帝当然不可能像传说中的天帝那样神通广大，据说他采集首山的铜，在荆山脚下铸造了一口宝鼎。宝鼎铸成以后，天上突然降下来一条金龙，垂下它长长的胡须来迎接黄帝飞升。黄帝爬上龙背，他的臣子跟随而上的有

第一章 追寻先祖的足迹：传说时代·夏·商·西周

七十多人。黄帝的臣子当然不止这七十多人，只是其他人扯断了龙须也无法爬上去。

后世把黄帝升天的地方称为"鼎胡"，就是指宝鼎和龙须，后来逐渐讹传为"鼎湖"。这便是黄帝鼎湖飞升的故事，而那些被扯断的龙须，据说后来变成了一种叶片细长的植物，人们称之为"龙须草"。

黄帝铸鼎塬

黄帝铸鼎塬位于河南灵宝西荆山下。据《史记》记载，古时荆山一带灾害频发，黄帝闻讯后从昆仑山赶来，用仙丹为百姓治病，并铸鼎于荆山下。塬西有黄帝的衣冠冢。相传黄帝就是从这里乘龙飞升的。

探索古文明 中国

大禹治水

上古时期

司马迁的《史记》上说，帝尧在位的时候，洪水泛滥，因此"四岳"向帝尧推荐鲧负责治水工程。鲧因为不善于采纳旁人的意见，花了九年时间仍没能消除水患。摄政的帝舜因此将鲧杀死在羽山上，并起用鲧的儿子禹继续其父未竟的事业。在这个故事里，鲧是一个失败者，但在另外一种说法中，他却是一位悲剧色彩浓郁的治水英雄。

鲧和息壤

传说鲧是黄帝的后代，是颛顼的儿子，黄帝和颛顼都曾担任过中央天帝，因此鲧也有神性。甚至有传说说他原本就是居住在上界的神仙，并非凡间帝尧的臣子。看到下界滔滔不绝的洪水，民众都生活在水深火热之中，这引发了大神鲧的恻隐之心，但一直没有解决水患的好办法。后来，受一只猫头鹰和一只乌龟的怂恿，鲧决定盗取天界的"息壤"下凡解除人类的水患。

"息壤"是天界一种奇特的泥土，据说它遇到水就会自己生长，水涌得越高，息壤就长得越高，这用来填堵泛滥的洪水再合适不过。

靠着鲧的神力和勤劳，以及息壤的奇特属性，洪水逐渐退去，土地重新显露出来。眼看水患就要结束，正当人们欢欣鼓舞时，发觉此事的天帝却勃然大怒，他不顾鲧治水有功，派火神祝融下界杀死了鲧。

天帝为什么会发怒呢？或许那洪水本就是他的杰作，他为了惩罚人类才降下水灾；又或许因为息壤是天界的宝物，鲧未经天帝允许将其偷到人间。

第一章 追寻先祖的足迹：传说时代·夏·商·西周

神话中并没有说明天帝发怒的原因，而鲧就像希腊神话中偷取天火的普罗米修斯一般，受到了神界的处罚。

❧ 大禹治水图

从父亲腹中诞生的大禹

火神祝融按照天帝的命令，将鲧杀死在北方的羽山。鲧为了拯救下界生灵才含冤被杀，传说他的灵魂始终不灭，尸体三年不腐。天帝知道后，派天神手持"吴刀"，去剖开鲧的肚子看个究竟。

天神一刀斩下，鲧的肚子里竟有一个新生命——他的儿子禹。禹出世后，鲧的残骸化作一头黄熊（另一说是黄龙，或者三足的神龟），逃入羽山，从此不见踪影。

经过这一番变故，天帝没有再为难鲧的儿子禹，还派

探索古文明 中国

治水石刻画

大禹治水成功后，人们"降丘宅土"，开始农业生产。图为开封禹王台石刻画治水庆功图的局部。

禹继续治理重新泛滥的洪水。禹虽然继承了父亲的遗志，但他手上却没有息壤可用。经过实地勘察，他决定摒弃堵塞之法，改用疏导之法，把洪水都引到大海里去。反正大海是永远不会满溢的，把洪水引到海里，陆地上的人们不就能够重得安宁了吗？

治水途中的坎坷

禹在治水的过程中，得到过各方神灵的协助。一次，他走到黄河边，河里突然跳出一位长着白色的脸和拥有鱼类身体的神人来，送给禹一张"河图"，上面详细画明了黄河流域的河流走势。这位神人就是黄河之神河伯。还有一次，禹为了泄洪而凿通龙门山，偶然间发现了一个山洞，深不可测。禹点燃火把，一个人走了进去，没多远，就看到一头野猪一般的神兽，口衔夜明珠，还有一条青色的狗不停地吠叫，引导他来到洞穴的深处。奇怪的是，黑黝黝的洞穴到了这里突然变得明亮起来，神兽和狗也摇身一变，化作了身穿黑衣的人。两位黑衣人引导禹会见了一位大神，这位大神蛇身人脸，把一枚长一尺二寸的玉简交给了禹，要他用此神简测量天地、平定水患。这位大神就是伏羲。

禹在治水过程中也遭遇过阻挠。传说他三次来到桐柏山，山上都刮起狂风。飞沙走石，使治水工作无法顺利开展。禹非常愤怒，就派部下找来桐柏山的山神询问，山神告诉他，这是附近淮水的水神无支祁在捣乱。这个无支祁长得像猿猴，脖子有一百尺长，他力大无穷，行动敏捷。禹先后派了好几拨部下，才捉到无支祁，用铁索拴住他的脖子，用金铃穿过他的鼻子，把他囚禁在龟山脚下。从此以后，淮河水流顺畅，再也不闹水灾了。

禅让制的产生

炎黄联盟首领帝尧也被称为陶唐氏，他不仅是后世尊崇的人类帝王，而且还具有很强的神性。传说帝尧在位期间励精图治，不仅命后羿射落了危害人间的九个太阳，还派鲧、禹父子治理黄河水患。帝尧在位整整一百年，之后听取大臣的意见，将首领之位传给了有才能且孝顺的舜。

舜即位后，把天下治理得井井有条。他十分喜爱音乐，于是将伏羲发明的瑟扩展到 23 弦。晚年时的舜与尧一样，放弃了传位给自己儿子的打算，而是将首领之位传给了治水有功的禹。

尧、舜、禹三代首领之位的传承故事经常出现在儒家典籍中，这种美好传说的背后，也离不开当时的社会背景。在我国古代国家正式形成之前，部落联盟首领的产生方式是由上届联盟首领推举或是各部落首领选举产生的。当然首领之位的禅让也并不是全在和平的环境中产生，也有传说尧年老的时候舜曾将他囚禁在平阳，舜也曾被禹流放到南方等。当时的情况可能是，每一任部落联盟首领的更替，都会伴随着一定的权力冲突。

禹之前的传说纷繁复杂、众说纷纭，直到进入夏朝之后，华夏各地区之间的联系才日益密切，并形成了共同的信仰、共同的祖先认同。世系的传承、相关的故事也相对定性，中国历史从传说时代进入半信史时代。

> 尧、舜、禹三代首领之位的传承故事经常出现在儒家典籍中，这种美好传说的背后，也离不开当时的社会背景。

探索古文明 中国

"家天下"

夏

约公元前 2070 年 – 公元前 1600 年

启取代伯益继位,后又传位于儿子太康,是中国历史上的一个重大变革。禅让制从此被"家天下"的世袭制取代,中国历史上的第一个王朝——夏,就这样建立了。

传位于启

据文献传说记载,禹在位八年,临终前想学习尧、舜,将首领之位传给自己的辅佐官伯益。但由于伯益的德行不如禹的儿子启高尚,再加上各诸侯和百姓的拥戴,最终使启成了新一任炎黄集团的首领,开创了一个"家天下"王朝——夏朝。

启"违规"取得首领之位的方式遭到了有扈氏的强烈反对。有扈氏起兵,并打出了反对启的旗帜。两军发生了激烈交战,最终启取得了胜利,巩固了自己的地位。

平定叛乱之后,为了让天下人都看到有扈氏的下场,起到杀一儆百的作用,同时也为了进一步笼络人心、树立自己的威信,启便学父亲的做法,在钧台(今河南禹州)召开了一次规模空前的大会,这就是历史上著名的"钧台之享"。

通过平定有扈氏的叛乱和举行"钧台之享",启进一步巩固了自己的统治地位。此后,他又采取了许多巩固统治的措施,如建立了专门的国家军队,以维护统治;宣布取消禅让制,而以世袭制代替。

太康失国与少康中兴

启去世前将王位传给了自己的儿子太康,太康继位后把都城从阳翟(今河南禹州)迁往斟鄩(今河南偃师)。太康嗜好打猎,常常离开都城外出打猎,弄得国家百事废弛、民怨沸腾。有穷氏首领后羿在太康外出打猎之时占领了夏的都城。太康只好在洛水北岸开始了流亡生涯,并终老于此,史称"太康失国"。后羿扶持太康的弟弟仲康做了夏朝的新王,仲康死后,其子继位,后羿取而代之,史称"后羿代夏"。

仲康的孙子少康在得知祖上失国的惨痛经历后,产生了复国的念头。经过数年的努力,少康最终夺回了政权,光复了夏朝。少康执政后,勤于政事,体贴爱民,在他的治理之下夏朝国泰民安,出现了繁荣安定的局面,史称"少康中兴"。

陶盉·二里头文化

二里头文化遗址出土,高25厘米,浅灰色,泥质陶。下有三个袋状空足,一侧有一柄,也是二里头文化典型的陶器形制。整个器物造型均衡,表面光滑,制作精良。

夏桀亡国

少康之后,夏朝又经历了数十位统治者,最终君主之位传到了夏桀的手中。桀即位后,重用佞臣、排斥忠良,对外滥施征伐,对内残暴统治。

夏桀十分宠爱有施氏部落进贡的美女妹喜,特地为她打造了富丽堂皇的宫殿供她享乐。他还杀掉了向他直言进谏的关龙逄,他将自己比作太阳,常说"太阳灭亡了,我才会灭亡"。这时商部落的首领汤看清了夏朝外强中干的本质,他任用贤臣,收揽人心,逐步壮大自己的实力,先后灭掉夏的附属国,剪除了桀的羽翼。在时机成熟之后,出兵伐夏。两军在鸣条决战,夏桀和妹喜被商俘虏后流放边疆,夏朝至此灭亡。

商的兴衰

公元前1600年－公元前1046年

夏朝最后一个王夏桀是个出名的暴君，他和奴隶主贵族不仅残酷地压迫人民，还大兴土木、建造宫殿，过着荒淫奢侈的生活。此时，商部落的首领成汤掌管部落。成汤看到夏桀的腐败和残暴，便决心消灭夏朝。

雄心勃勃

成汤是商部落始祖契的第十四代孙。商在他的治理下，比先前更加繁荣强盛。然而，雄心勃勃的汤并不满足于此，他真正的理想是灭亡夏朝、消灭夏桀这个暴君。

从始祖契开始，商部落已经经历了八次迁徙。到汤的时候，他又将部落的居住地迁回了祖先曾经居住过的亳（今河南偃师西）。从亳到夏朝的都城，中间是一片平原旷地，几乎没有什么地形阻挡，特别有利于军队进攻。迁亳之后，汤对内宽以待民、为民谋利，从而获得了部落内民众的拥护和支持，在商部落内部形成了百姓亲附、安居乐业的局面；对外尽力扩大自己的影响，力图取得各方势力的拥护。

汤的一系列行动自然引起了夏桀的注意。夏桀深恐汤的势力壮大会威胁到他的统治，于是将汤骗到夏都，后软禁在夏台（今河南禹州）。商部落的右相伊尹设计将汤救出，并为汤准确分析了敌强我弱的形势，建议汤表面上仍向夏桀表示臣服，暗中积蓄力量。汤采纳了他的建议。

灭夏建商

汤从亳起兵，矛头直指夏都。夏桀对成汤的进攻并未做认真准备，只

第一章 追寻先祖的足迹：传说时代·夏·商·西周

得仓促调集兵力应战。成汤的将士们恨不得夏朝早早灭亡，他们作战非常勇猛，每次一交战，夏军就大败而逃。在鸣条之战中，夏军被彻底击溃。夏桀逃到南巢，被商军俘获。夏朝至此灭亡。

成汤回师亳都，各方首领前来朝贺，汤被推举为王，定国号为"商"。成汤也因此被称为"商汤"。他还把夏禹所铸的九鼎移到亳都。自此，商王朝取代了夏王朝，成为中国历史上第二个奴隶制国家。

纣王亡国

帝辛就是中国历史上有名的商纣王，他不仅勇猛过人而且能言善辩，可他却没有将这些才能用在正道上，而是喜好酒色，广修宫殿，宠爱美女妲己，为她建造鹿台。不仅如此，纣王还十分残暴，为镇压各方的反抗，他制定了许多骇人听闻的刑罚，使得朝臣都敢怒不敢言。

在商朝内部矛盾激化的同时，商与周边各族的矛盾也日益尖锐。长期的征战耗尽了商朝的国力，颓势已很难扭转。此时在商西边的周逐渐强大起来。特别是西伯侯姬昌在位期间，他延揽了一批有能力的大臣，使得周日益兴盛起来。

在商都郊外的牧野，商、周展开激战。纣王临时组织的奴隶军阵前倒戈，纣王狼狈逃回宫中，在鹿台举火自焚，商朝就这样灭亡了。

四羊方尊·商

方尊是一种礼器，主要用于祭祀祖先。四羊方尊是目前发现的商代青铜方尊中最大的一件。现藏于中国国家博物馆。

探索古文明 中国

分封诸侯

西周　公元前1046年 – 公元前771年

武王灭商后,通过实行分封建国制度,建立起了一个幅员空前辽阔的奴隶制王朝,对各地区政治、经济、文化,尤其是边远地区的开发起到了重要作用。

文王姬昌在位时期,周已经开始分封诸侯了。武王灭商后,周从一个小小的邦国一跃成为统治四方的大国,如何治理这么庞大的国家,怎样才能长久地统治下去呢?周武王和周公认为沿用文王的分封制最好,分封制可以建立屏藩,护卫王室;镇抚各族,稳定政局;抵御外侮,巩固边防。

分封制的内容

关于如何分封诸侯,武王与群臣商议了很久。其实周武王的分封制,顾名思义就是"封建",即封邦建国。将王室成员、有功之臣以及先王圣贤的后代,分封到各地做诸侯,赋予他们代表周天子管理这个地区和人民的权力。诸侯受封时,必须举行册封仪式,周天子向受封者颁布册命,宣布封疆范围等,同时还赐给他们奴隶、礼器和仪仗等。诸侯可以在自己的统治范围内建立政权机构,设置军队和监狱。诸侯对周王也承担一定的义务,比如要定期朝贺、缴纳贡赋、随周王出

> 分封制可以建立屏藩,护卫王室;镇抚各族,稳定政局;抵御外侮,巩固边防。

第一章 追寻先祖的足迹：传说时代·夏·商·西周

征；王室重大祭祀活动，诸侯也必须参加或者派人助祭等。天子对诸侯有赏罚的权力，也有随时收回封国的权力。

分封天下

武王将诸侯分为三大类：第一类是王室弟子。周初分封了七十一国，其中姬姓五十三国。武王将商都旧地朝歌封给了自己的弟弟康叔，即卫国。卫国地处中原，又接近王畿，其疆域在今河南北部和河北南部一带，是屏卫周王室的重要封国。武王还将夏都旧地封给了自己的另一个弟弟叔虞，即晋国，用以加强对狄族的防御。同时，武王还封周公长子于曲阜，称鲁国；封弟弟召公的儿子于燕（今北京一带），称燕国，是周王朝在东北方的屏藩。这样京畿重地与富裕之所都为姬姓所有。

周武王像·南宋·马麟

第二类是有功之臣，首推姜太公。周武王将他封在营丘（今山东临淄北），国号齐。营丘是蒲姑之民的故地，蒲姑是殷商的盟邦，抗周势力不小。武王让姜太公在这里镇抚蒲姑之民，同时还授予他征伐违抗王室的侯伯的权力。

第三类是帝王先贤的后代。这类封国一般都比较小，有的只是象征性的，表示西周对圣贤的尊重而已，在西周的政治活动中作用不大。

天下归心，周公辅政

分封结束，周武王举行了盛大的仪式欢送各位诸侯。周公向武王辞行时发现武王闷闷不乐，屡次追问才知道武王不愿让几个心腹重臣离开，但是国事为重，只能忍痛看着他们一个个离开镐京。周公想了想，认为战乱刚刚平息，百废待兴，留在武王身边辅佐武王也是必要的，于是决定留下来，让自己的儿子伯禽独自前往鲁国接受分封。

虽然周武王通过分封制使天下掌控在了自己手中，但是这次分封是不彻底的，还有不少地方未被纳入周王朝的版图。不久，周武王也积劳成疾，临终前他把年幼的儿子姬诵托付给周公。周公在平定管蔡叛乱后，又进行了第二次分封。周初经过这两次分封，形成了以王畿为中心、众多诸侯拱卫周王室的局面，为周的兴盛奠定了基础。

西周前期，历代周王勤于政事，政局安定，百姓安居乐业，但是周初的兴盛只维持了约半个世纪。那种明德慎行、汲汲求治的精神慢慢淡化，当政者日益懈怠骄纵，追求享乐，争权夺利，由此"荒服者不至"，王室衰弱。

周厉王实行暴政，民众怨声载道。为了镇压民众的不满，周厉王又进一步施行了高压政策，妄图以暴止"谤"。可是，"防民之口，甚于防川"，忍无可忍的镐京民众终于发动了声势浩大的武装起义，把周厉王赶出了镐京。西周历史上有十四年的时

西周战车模型

第一章 追寻先祖的足迹：传说时代·夏·商·西周

🌿 周公辅成王画像砖·汉

间处于一种奇特的状态：国君被赶出国都，由大臣和贵族统治天下。这个奇特的时期被称作"共和行政"。

周厉王死后，周朝的大臣和贵族们立他的儿子姬静为天子，即周宣王。周宣王吸取了父亲丢掉王位的教训，在政治上比较开明，得到了诸侯的支持，史称"宣王中兴"。但是，这短暂的中兴对周朝来说也只是昙花一现。

西周灭亡

宣王死后，其子幽王即位。幽王即位后沉溺女色，为博美人褒姒一笑，竟命人无故点燃烽火台，戏弄诸侯。与此同时，他还随意征收赋役、夺取人民的财物土地，使得民怨沸腾。最终，幽王被西戎军队杀死于戏（今陕西临潼），西周灭亡。

幽王被杀后，前太子宜臼被拥立即位，是为周平王。由于西戎的破坏，镐京已残破不堪，公元前770年平王迁都洛邑，沿用国号"周"，史称东周，亦即春秋战国时期。

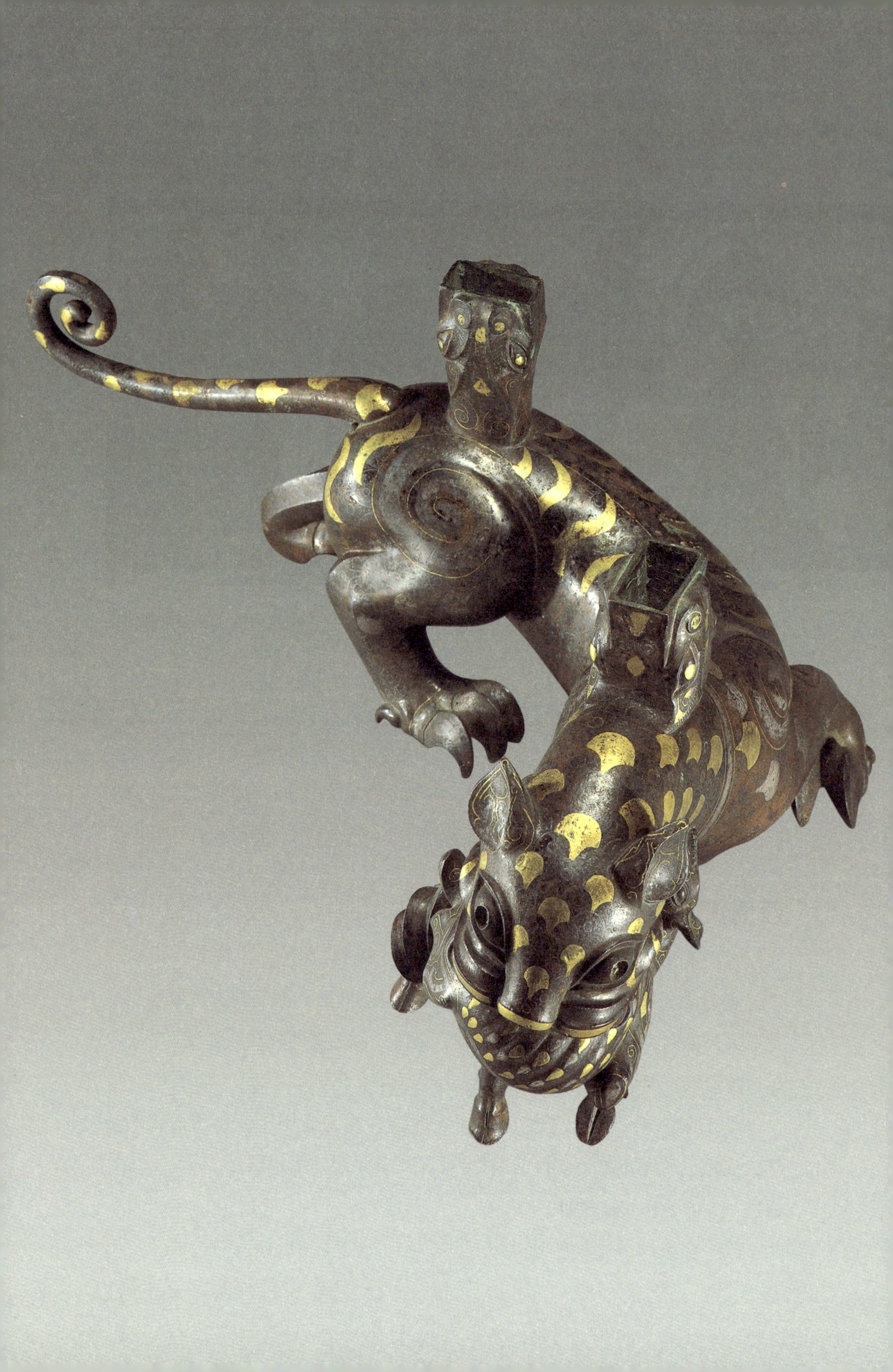

第二章

争鸣与争雄的时代：
春秋·战国

　　东周是中国历史上真正的大时代，自周平王东迁洛邑起，周王室在诸侯中的影响力逐渐下降，诸侯群起而争强，相互吞并，"春秋五霸"先后走上历史的舞台，"礼乐征伐自天子出"变成了"礼乐征伐自诸侯出"。

　　公元前453年，韩赵魏三家分晋，标志着战国时代的到来，随之，"战国七雄"逐鹿天下。割据与征伐并非这一时期的特色，文化上的"百花齐放"和思想上的"百家争鸣"才是其堪称"大时代"的根源。"争雄"与"争鸣"，一个大争之世逐渐拉开了恢宏壮阔的帷幕。

卧薪尝胆　　　　三家分晋　　　　商鞅变法

探索古文明 中国

亡命公子重耳

春秋

公元前697年—公元前628年

古人说：读万卷书不如行万里路。晋文公流亡了十九年，走过的路程何止万里！也正是这段经历锻炼了他的政治胆识，使得他在不足十年的时间里，将晋国发展成为中原的霸主。

周王室东迁之后，所控制的领土范围逐渐缩小，周天子已失去了号令诸侯的权力，王室的尊严和威望荡然无存，与普通小国无异。西周时"礼乐征伐自天子出"的局面完全变成了"礼乐征伐自诸侯出"，中国历史进入春秋时期。

公子流亡

春秋时期，北方大国晋国国君是和周天子走得最近的王室封国。春秋前期，晋国几代国君都较贤明，国力随之越来越强，一直到晋献公这一代。

晋献公有八个儿子，太子申生、公子重耳和夷吾三人最受宠爱。晋献公灭骊戎后，得到了一个名叫骊姬的美女，非常宠爱她，申生、重耳、夷吾三人则逐渐被冷落。后来骊姬生了个儿子，叫奚齐。骊姬让晋献公废了太子申生，立奚齐为新太子。为了斩草除根，骊姬又向献公进谗言，致使申生被逼自尽，重耳和夷吾侥幸逃过追杀，躲到他国避难。

周襄王元年（前651），晋献公去世，十四岁的奚齐继位。但只过了一个月，大臣里克就发动政变，奚齐被杀。骊姬再立奚齐的弟弟卓子为国君，又只过了一个月，里克发动第二次政变，卓子和骊姬同时被杀。

公子重耳礼贤下士，颇有贤名，所以即便流亡在外，依然有很多人跟随他。杀了骊姬和卓子的里克想要迎重耳回国做国君。重耳认真地分析了晋国国内的形势，认为晋国两任国君被杀，局势很乱，自己在国内还没有根基，所以拒绝了里克的请求，没有回国。

公子夷吾听到国内大乱，连忙向他的姐夫——秦国国君秦穆公求助，答应割让晋国五座城池作为酬劳。在秦穆公的帮助下，夷吾当上了国君，是为晋惠公。但晋惠公即位后马上毁约，拒绝交给秦国城池。秦穆公很生气，于公元前645年举兵伐晋，晋惠公兵败被俘，尽管他侥幸逃脱一死，却付出了很大的代价，不但把之前答应给秦国的五座城池双手奉上，还不得不把太子圉送到秦国当人质。

子犯和钟·春秋

子犯和钟是一组编钟，成组八件，各有刻铭，连读共132字，记载晋文公重耳流亡19年后返晋掌权，以及晋楚城濮之战等重要史实。制器者子犯，即晋文公（重耳）之舅父狐偃。现藏于中国台北故宫博物院。

逗留齐楚

重耳来到齐国后，齐桓公对重耳厚加礼待，从宗族中找了个贵族女子嫁

探索古文明 中国

牺尊·春秋

尊是商周时代的一种酒器，这件兽纹牺尊的尊体为牛形，腹部中空，背部有三个孔洞，正好用来注入酒水。现藏于上海博物馆。

给重耳。公元前643年，齐桓公去世，齐国发生内乱。重耳贪图安逸，不愿离开齐国，又继续住了几年。跟随重耳的赵衰和狐偃等人设计灌醉了重耳，带他离开了齐国，前往楚国，以寻找靠山，伺机归国。

楚成王是个具有远见的政治家，以诸侯国君之礼接待了重耳。在宴会上，楚成王问重耳："公子如果顺利回国即位，将用什么报答我呢？"重耳回答："如果我能回晋国执政，晋国和楚国一旦发生战争，战场上相遇的时候，我愿向后撤军三舍（当时一舍为三十里，三舍约合九十里），以对您表示避让。如果您还要进兵，那我就要奉陪到底了。"

楚国大夫子玉觉得重耳志气不小，请成王杀掉他以绝后患。楚成王却说："重耳历经艰险，大难不死，天意要他复兴晋国，谁能够阻止他呢？违背天意，会有大祸的。"后来秦穆公邀请重耳去秦国，楚成王便将他送了过去。

周襄王十五年（前637），周惠公去世，公子圉偷偷跑回晋国继位，是为晋怀公。晋怀公担心流亡在外的重耳归国威胁到自己的君位，便杀了许多跟随重耳流亡的人的家属，此举尽失人心。晋国大臣纷纷要求迎重耳归国，秦穆公便派军队护送重耳归国，于次年即位，是为晋文公，时年六十二岁。

称霸诸侯

重耳在外流亡了十九年，深刻体会到王位的来之不易，因此非常珍惜。晋文公即位后，倾全部精力以治国，采取了许多治国善策。一是尚贤。周代的分封制以血缘关系来确定一个人的政治地位，官场被贵族垄断。晋文公效法齐桓公重用管仲的做法，身边聚集了一批德才兼备之人，如赵衰、狐偃、贾佗、魏犨等，他们曾跟随晋文公流亡，在治国安邦以及后来晋文公称霸过程中发挥了重要作用。二是赏功，即赏赐有功的人。晋文公即位后，赏赐了曾经跟随他流亡和支持他上台有功的人，或赏赐封地，或加官晋爵，贤名远扬，吸引了更多优秀人才的到来。

周襄王十九年（前633），楚成王率领楚、郑、蔡、许等国军队围攻宋国都城商丘。晋文公认为这是展现晋国实力、问鼎诸侯的绝佳时机，便决定率军援宋。次年，晋军与楚军在城濮（今山东鄄城西南）开战。晋文公为了争取政治和军事上的主动权，也为了履行当年在楚国许下的"退避三舍"的诺言，命令晋军撤退九十里避战。楚军主将子玉求战心切，率军穷追不舍，最后遭到毁灭性打击，兵败身死。城濮之战后，周襄王赐给晋文公象征霸主权威的礼器，以及黄河以南的大片土地，晋文公也成了春秋时期的一位霸主。

> "重耳在外流亡了十九年，深刻体会到王位的来之不易，因此非常珍惜。晋文公即位后，倾全部精力以治国，采取了许多治国善策。"

探索古文明 中国

卧薪尝胆

约公元前520年－公元前465年

勾践卧薪尝胆的故事广为流传，正是由于勾践甘于忍辱负重，这才击败了强大的吴国。此外，和历史上其他成功的君王一样，勾践也很好地把握了时机。

忍辱负重

公元前515年，东南方吴国公子光在楚人伍子胥的帮助下登上吴王宝座，是为吴王阖闾。此时，早已过了楚庄王称霸的时代，楚国国力一路下滑，成为吴国对外扩张的绝佳目标。

吴王阖闾重用伍子胥和齐国军事家孙武，率军一度攻入楚国郢都，差点儿灭掉楚国。公元前496年，阖闾在率军攻打南方越国的战斗中受伤而死。其子夫差继承其遗训，三年后大败越军，越国君主勾践被迫到吴国为奴。

勾践在吴国做苦役期间，不得温饱，受尽鄙视，却不敢流露丝毫怨怼，唯恐惹来杀身之祸。他曾绝望地说："难道我就要这样终老一生了吗？"范蠡听了连忙劝他："商汤囚于夏台，周文王囚于羑里，重耳流亡十九年，饱经磨难，矢志不渝，终成霸业。你怎知这不是上天对你的考验呢？"勾践听罢，潸然泪下，决心忍辱负重，伺机复仇。他表

> 有志者，事竟成，破釜沉舟，百二秦关终属楚；苦心人，天不负，卧薪尝胆，三千越甲可吞吴。
> ——清·蒲松龄

第二章　争鸣与争雄的时代：春秋·战国

面上对吴王十分恭顺，又经常贿赂伯嚭及其他吴国官员，请他们在吴王面前多说好话。没几年，夫差认为勾践真心归顺自己，便放他回国了。

卧薪尝胆

勾践回国后，整天忧心苦思，食不甘味，睡不安席，一心致力于复国大业。他睡在柴草上，头顶挂一枚苦胆，时时尝苦胆以提醒自己："你忘了在吴国所受的耻辱了吗？"他放下君王的架子，与民同苦，谦虚待人，热情待客，短短几年间，就招揽大量人才。

后来，越国国力大增，勾践觉得时机成熟，准备向吴国复仇。大夫逢同认为，吴国实力依然很强，越国尚无胜算。吴国的野心很大，楚、晋、齐势必要扼制吴国的发展势头，冲突在所难免，一旦如此，越国可趁机坐收渔利。勾践很认同此看法。又过了两年，果然不出逢同所料，吴国要征讨齐国，伍子胥哭谏夫差说越国才是心腹大患，应当攻伐。可夫差根本不听，执意攻齐，且得胜而归，他讥讽

吴王夫差矛·春秋

探索古文明 中国

错银带钩·春秋

带钩是古代贵族和文人武士所系腰带的挂钩，多用青铜铸造，也有用黄金、白银、铁、玉等制成。带钩起源于西周，战国至秦汉广为流行。带钩是身份的象征，地位显贵的人所用带钩材质更稀缺，制作程度更精细，造型纹饰更加繁缛。

伍子胥："要是听你的，哪有今天的胜利？"伍子胥却说："大王不要高兴得太早。"夫差非常愤怒，此时，他与伍子胥的君臣关系已经恶劣到了极点。

勾践的心腹重臣文种说："夫差太骄傲了，时机就要成熟。不如向他借粮，看看他对越国的态度。"勾践赞同，就派文种去借粮。果然，夫差不假思索地答应了，伍子胥极力劝阻，夫差哪里听得进去，最终借粮给越国。

"三年后，吴国将会变为一堆废墟。"伍子胥悲叹，并把自己的儿子送到齐国友人那里准备避难。这一切都被伯嚭看在眼里，他便添油加醋地告诉了夫差，说伍子胥已有二心。夫差深信不疑，赐伍子胥镂之剑，命他自尽。相传，临死前，伍子胥对家人说："我死后，把我的眼睛挖下来挂在都城东门上，我要亲眼看着越国灭亡吴国。"

越王称霸

在伍子胥死后,勾践想立即攻打吴国,范蠡认为时机还不成熟。

又过了几年,趁着吴王夫差再次北上进攻齐国,勾践动员了全国的兵力,进攻吴国。

夫差猝不及防,回师途中被越军击败,越军长驱直入,将吴王夫差一直赶到姑苏山上。夫差无路可逃,便拔剑自刎。

临死前,夫差大声说:"我对不起伍子胥,没脸见他于地下。我死之后把我的脸用布遮起来吧。"

到此,吴国灭亡,越国成了春秋时期最后的强国。

勾践忍辱负重,终于战胜了强大的吴国。

清代蒲松龄曾经写了一副对联:"有志者,事竟成,破釜沉舟,百二秦关终属楚;苦心人,天不负,卧薪尝胆,三千越甲可吞吴。"其中,下联就是对勾践卧薪尝胆,终成大业的称颂。

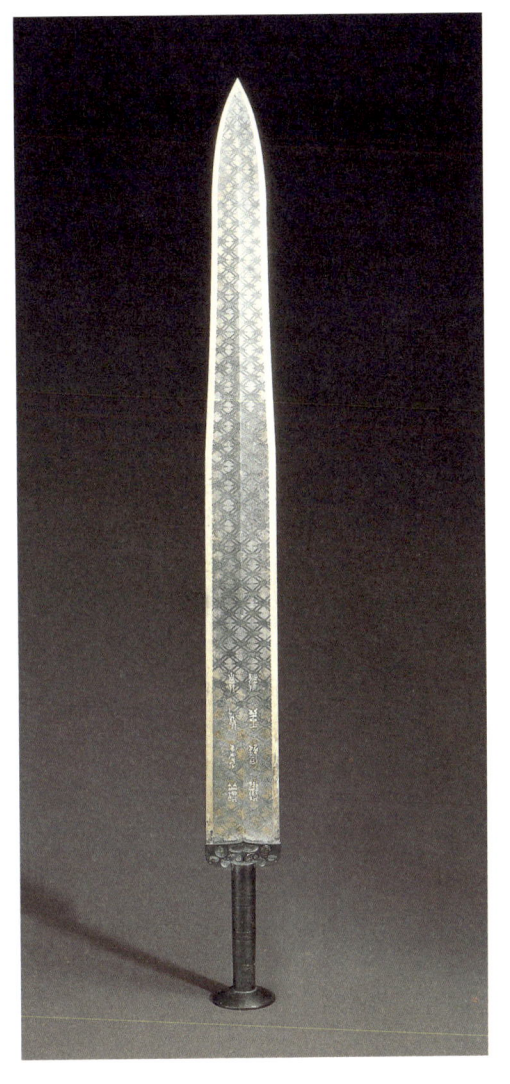

越王勾践剑·春秋

春秋晚期。1965年湖北江陵望山1号墓出土。长55.7厘米,宽4.6厘米。剑身中脊起棱,饰黑色菱形花纹。剑格正面嵌饰蓝色琉璃,剑体满布菱形纹,并在近剑格处有鸟篆铭文八字,为"越王鸠浅(勾践)自作用剑"。现藏于湖北省博物馆。

探索古文明 中国

儒学宗师孔子

公元前551年—公元前479年

孔子创造的儒学是中国封建时代的文化核心。孔子在中国文化史上享有崇高的地位，从西汉开始，孔子学说为适应统治阶级的需要而调整变化，使得其在大多数朝代处于显学独尊的地位。孔子在世的时候，就有人尊奉他为"圣人"，死后更是为人所景仰，被视为万世师表。孔子是封建社会集大成的"圣人"，是中国古代文坛的伟大代表人物之一。

孔子（前551—前479），名丘，字仲尼，鲁国人，周灵王二十一年（前551）生于鲁国昌平乡陬邑（今山东曲阜东南），生父为叔梁纥。孔子三岁时，父亲病逝，被母亲带回娘家，迁居阙里。孔子十六七岁时，母亲去世，他受到当地贵族社会的排挤。困苦的境遇激励孔子奋发向上，他一面谋生，一面刻苦自学。他困知勉行，不耻下问，谦恭知礼，处世深沉。于是，很快在社会上，包括在贵族中间获得了声誉。

孔子像

三月不知肉味

周敬王三年（前517），孔子赴齐国，成为大夫高昭子的家臣，并拜见了齐景公。孔子在齐国欣赏到了《韶》乐，以"三月不知肉味"来形容《韶》乐的美妙。孔子的出现是时代的象征，他将以同族结合为基础的礼乐转换为较具普遍社会性的礼乐——社会制度,进而提出"仁",作为礼乐实现之目标。"仁"一方面是指个人人格,个人人格没有贫富贵贱之别;另一方面则指人际关系,人际关系以彼此承认对方的人格为关键。要实现"仁",必须靠教育和教养;而礼乐则是实现"仁"的手段,因此要从礼乐的学习与研究着手。孔子以身作则,从事教育工作,所收学生不限阶级,可谓"有教无类",其精神是令人敬佩的。孔子"闻《韶》不知肉味"的故事体现了当时文人和士大夫把音乐修养作为教养的一部分,孔子还由此引申出礼乐精神,成为战国儒家核心观念之一。

孔子仕鲁,周游列国

周敬王十八年(前502),名声在外的孔子为鲁定公所用。他先任用孔子为中都宰,孔子上任不过一年,便因政绩卓著被升迁为司空,后又升迁为大司寇。孔子前半生用心于政治,力图复礼,在为鲁国任用的一段时间里曾全力施展其抱负和才能,在司法、教育和打击鲁国三桓势力上做过不少努力,虽然见效不大,但也显示出了他的政治能力。后因与鲁国君臣政见不合,孔子于五十五岁时离开鲁国,开始周游列国。十四年间,孔子往来于卫、曹、宋、郑、陈、蔡六个诸侯国,始终没有找到一个可以任用他推行"仁政德治"主张的理想国君。

重返鲁国,开始著述

周敬王三十六年(前484),孔子应鲁大夫季康子之召,返回鲁国。孔子虽满怀改良时政、复兴周礼的政治抱负,鲁哀公、季康子也曾先后问政于孔子,但终究没有重新起用他。孔子眼见自己的政治理想无以施展,于是转而致力于讲学与著述,以求得自己的理想、思想、学识流传于后世。

孔子有感于当时周室衰微、礼乐皆废,便提倡"为国以礼",又说"不学礼，无以立"。"礼"指周礼，包括奴隶制的等级世袭制度、道德标准和仪节。孔子又强调"礼"必须以"仁"的思想感情为基础，"仁"与"礼"相辅相成。孔子又相当重视"乐"的陶冶情感作用，"乐"指音乐，因"诗"为歌词，合而言之，"乐"也包含诗。孔子主张"礼"以修外、"乐"以修内，以为"移风易俗，莫善于乐；安上治民，莫善于礼"。从西周开始至春秋中期，流传的诗歌有3000余篇，据说孔子去其重复，取可施于礼义者，删定为305篇，并分为"风""雅""颂"三类，即流传下来的《诗经》。与此同时，孔子开办私学，弟子先后达三千人，其中精通六艺的就有七十余人。

孔子逝世

周敬王四十一年（前479）四月，孔子逝世。鲁哀公作诔文悼念孔子，开后世诔文之先河。孔子的门徒服丧三年，而子贡则在孔子墓旁建房而居，六年之后才离去。因为孔子弟子及鲁国人在孔子墓附近聚居，所以其墓地一带就叫孔里。

孔子晚年自称"不怨天，不尤人，下学而上达"，闭门治学，潜心研究礼义。他与弟子整理古籍，评论时事人物。传说他对《易经》做了注释，共有十篇，人称《十翼》；删减《诗》3000多篇为305篇；整理《春秋》，使文辞简约而内寓褒贬；正乐，成六艺以备王道。

孔子是中国文坛的巨人，正是他揭开了中国系统思想的序幕。他以道德作为政治、行为的规范，从个人角度规范了仁、义、忠、信，完善了春秋道德思想。他的大同精神、日新精神和存而不问但求进取的精神成了战国文明的主导精神。

仁政为先

孔子的学说就是士阶层思想的结晶。孔子生活的时代正值王室卑弱，宗族制度逐渐瓦解，社会正酝酿着巨变。当时"士"处在社会的中间，是统治阶级的最下层。但士阶层是军事上的作战骨干、政治上的下级官吏、文化上的知识群体，经济上也拥有私有田宅产业。应当说"士"的社会作用非常重要，但地位不高，必须依附把持国政的世卿贵族。当"士"们想求仕闻达时，便表现出迎合上层贵族利益的保守思想，而在穷困不得志的情况下，就表现出同情庶民的进步观念。

孔子的政治观和伦理观是互相交融的。孔子政治主张的主要内容是"礼乐"。"道之以德，齐之以礼"是孔子最高的政治思想。"德"指仁义，"礼"指统治阶级规定的秩序。"乐"是从感情上求得人与人相互间的妥协中和。"礼"用以辨异，分别贵贱的等级；"乐"用以求同，缓和上下的矛盾。礼乐的基础是"仁"。"仁"是孔子伦理思想的核心。"仁者爱人""克己复礼为仁"就是他给"仁"所下的两个最主要的定义。

《孔子圣迹图》之孔子见鲁哀公·清·焦秉贞

图中孔子方面密髯，俯身拱手，席地而坐，神情恭肃；鲁哀公和颜悦色，静坐在孔子对面的红木椅上，呈侧耳聆听状。

孔子主张"仁"，反对横征暴敛，认为"苛政猛于虎"。《论语·先进》记载，弟子冉求替季氏聚敛，孔子愤怒地将其逐出师门。他主张举贤才、慎刑罚、薄赋敛、重教化，认为"天下有道，则礼乐征伐自天子出；天下无道，则礼乐征伐自诸侯出"。这里已经反映出孔子的统一思想，体现出当时社会要求消灭混乱局面、形成有序社会的思想。可是他的思想并不符合春秋末期的历史实际。但只要统一的政权出现后，这种思想便能迎合统治者的心理，所以受到后世统治者们的极力提倡。从西汉"罢黜百家，独尊儒术"开始，各个王朝都积极利用孔子的这种思想，以维护政权的稳固。

三家分晋

公元前 453 年 – 公元前 403 年

春秋末期晋室衰微，晋的卿大夫韩、赵、魏三家作为新兴势力，瓜分晋国。公元前403年，周天子承认三家为诸侯，战国时代开启。

六卿霸晋国

晋献公时，晋国公族内部嫡系与旁支之间展开了激烈的争斗，晋献公曾大批屠杀公族内的公子，规定从此之后晋国不许立公子、公孙为贵族，公子、公孙们只好离晋去其他国家做官，这就是所谓的"晋无公族"。排斥公族，导致了异姓或国姓中的卿大夫得势，政权逐渐为他们所掌握。春秋中期以后，十余个卿大夫家族控制了晋国的政局。他们之间不断地进行争斗和兼并，到了春秋末期，只剩下韩、魏、赵、范、智、中行六家最大的宗族，称为六卿。

公元前550年，六卿以范氏为首联合打击当权的大夫栾盈，并将栾盈赶出了晋国。栾盈后在曲沃暗中联合旧贵族的势力，发兵进攻晋国的国都。范氏发布命令：自晋文公以来，为国家作战立功而没有得到官职的人，其子孙可以做官。这样大大提高了士气，很快就把栾盈打败了。这次胜利，使晋国的政权完全掌握在了六卿手中。

六卿改革

六卿一方面与旧贵族争夺权力，另一方面其内部之间也进行着激烈的斗争，互相兼并，战争不断。为了在斗争中取胜，六卿都实行了一些有利于生产、笼络民心的改革。

慢慢地，六卿所控制的地域实际上成为晋国的国中之国，他们有自己独立的政治体系。六卿之间发生了多次战争，互相争夺地盘和奴隶。其间，范氏和中行氏在争斗中被消灭，土地也被另外四家瓜分，智、赵、韩、魏四家成为晋国最强大的势力。四家的当权者分别为智伯瑶、赵襄子毋恤、韩康子虎、魏桓子驹。其中以智伯势力最大，晋国的政事都由智伯决断。

智伯惨败

> 三家分晋，是中国古代历史从春秋时期进入战国时期的标志。

智伯野心很大，想吞并全晋，但是还没有足够的力量消灭其他三家。智伯就借晋君的名义，让其他三家各出一百里土地和相应的人口送给晋君，以协助晋君去攻打越国，实际上智伯是想乘机霸占其他三家的土地。韩和魏答应了，但是赵襄子断然拒绝。智伯就联合韩、魏出兵攻打赵，答应事成之后，赵的土地和人口由三家平分。赵襄子撤到晋阳坚守。晋阳是赵家经营多年的地方，城垣坚固，仓廪充实，百姓拥护，双方在晋阳僵持了三年之久。

久攻不下的智伯想要引汾水淹晋阳，晋阳城内人心惶惶，形势危急。赵襄子派相国张孟同连夜出城，游说韩、魏，向他们讲述唇亡齿寒的道理：赵被消灭后，智伯接下来的目标就是韩、魏了。韩、魏本来就因慑于智伯的威胁才参战的，所以为了自身利益，决定背叛智伯，与赵军联合，用水反攻智伯。最后智伯战败被捉，韩、赵、魏三家平分了智伯的土地和人口。

公元前403年，周威烈王正式册封韩虔、赵籍、魏斯为诸侯。公元前376年，韩、赵、魏废除晋国最后的国君——晋静公，最终三分晋国。三家分晋，是中国古代历史进入战国时期的标志。

🌿 云纹金盏和漏匕·战国

这两件金器出土于湖北随州曾侯乙墓。现藏于湖北省博物馆。

探索古文明 中国

商鞅变法
战国

公元前356年和公元前350年

在列国争雄的战国时期，秦国从一个边陲弱国一跃成为势可吞并六国的强国，与商鞅变法的贡献是分不开的。

孝公求贤

秦献公去世后，其子渠梁即位，是为秦孝公。秦孝公是一个有作为的国君，看到韩、魏等国在经过不同程度的改革后国力大增，他也积极寻求强秦之路。他下了一道求贤令，许诺如有使秦国富裕强大者，封地晋爵。

此时，有个叫卫鞅的人从魏国来到秦国。卫鞅原是卫国的贵族子弟，从小就好"刑名之学"，曾受过法家李悝、吴起的影响。当卫鞅还在魏国相国公叔痤手下做小官时，公叔痤见卫鞅很有才能，在临死前曾把他推荐给魏惠王，要么重用他，要么杀掉他，绝不能让他离开魏国。然而，魏惠王并没有把卫鞅放在眼里。

卫鞅在魏国没有用武之地，正好听说秦孝公下诏求贤，于是就去了秦国。

商鞅方升·战国

量器，斗为长方形，直壁，后有长方形柄。方升外侧有铭文32字，从铭文记载可知此为商鞅统一秦国度量所规定的一升容积的标准量具。现藏于上海博物馆。

三见孝公

卫鞅到秦国后，通过秦孝公的亲信景监的引荐，才得

第二章 争鸣与争雄的时代：春秋·战国

以见到秦孝公。卫鞅先以舜、禹为例给孝公讲帝王之道，发现孝公并无兴趣。第二次又给孝公大讲王道，秦孝公也不感兴趣。第三次，卫鞅开门见山，为孝公讲解霸道，他说："强国之道，无非三点：壮大军队、奖励耕织、赏罚分明。"秦孝公深感认同，卫鞅随后详细讲解，提出许多治国安邦的措施。二人一连谈了好几天，孝公听得津津有味。

南门立木，取信于民

秦孝公先任卫鞅为左庶长，赋予其一定的特权。卫鞅仔细研究秦国的法令后，开始拟订新的法令。同时，他担心秦国百姓不相信新法，便叫人在都城南门

双兽三轮盘·战国

这件轮盘高15.8厘米，口径26厘米，1958年出土于江苏武进。轮盘器形别致，底盘的一侧伸出两只龙首，盘底呈鼎足状，三个六辐圆轮都能转动，具备了江南地区东周青铜器的显著特征。现藏于中国国家博物馆。

探索古文明 中国

彩漆木雕双头镇墓兽·战国

这件镇墓兽除鹿角高52厘米，造型怪异，1986年出土于荆州市江陵县雨台山18号墓。此类镇墓兽按墓主人身份和地位高低在具体造型上会有不同。

竖了一根三丈长的木头，并贴告示说能将这根木头扛到北门的人可以得到十金。围观者很多，但没有一人站出来。卫鞅知道，改革要成功，获得百姓的信任有多重要。于是，他把赏金加到了五十金。这时，一名男子愿意试试。他扛着木头往北门走去，后面跟了许多看热闹的人。人们很好奇，也很怀疑，想看看究竟会是什么结果。不一会儿，那名男子就把木头扛到了北门，卫鞅立刻兑现诺言，赏他五十金，一分不少。这件事很快传遍了大街小巷，轰动整个秦国，人们相信官府还是讲信用的。

颁布新法令

公元前356年（一说公元前359年）和公元前350年，卫鞅两次进行变法，新法内容主要包括：

一、改革户籍制度，实行连坐法。以五家为一伍，十家为一什，什、伍内各家互相纠察。一家作奸犯法，别家必须告发。隐瞒不报的，就要同罪连坐。二、重农抑商，奖励耕织。新法规定，凡一家有两个以上成年男子就必须分家，各立户头。生产粮食和布帛多的，可以免除劳役。三、奖励军功。凡在战争中斩得敌人一个首级的，赏给爵位一级。四、废除井田，"开阡陌封疆"。五、推行县制，将全国分为三十一县，设立县令、县丞等官职。六、迁都咸阳。七、统一度量衡。

一系列新法措施使秦国兵强马壮、国富民强，为以后秦国的称霸奠定了坚实的基础。秦孝公为嘉奖卫鞅的功劳，把秦国攻打魏国所得的15座城池赏给卫鞅，封他为商君，因此又称商鞅。但卫鞅的新法触及秦国贵族的利益，引起他们极大的不满；且新法刑戮太重，触犯者轻则发配充军、服苦役，重则削鼻砍腿。比如，卫鞅执法，曾一日内诛杀七百余人，鲜血都染红了渭水，哭声遍野，百姓震恐。又如，秦国的太子犯了法，卫鞅因不能直接刑法太子就说服秦孝公将太子老师公子虔的鼻子割下，在另一个老师公孙贾的脸上刺字。这样一来，无论官员还是百姓，都对新法有些不满，开始反对新法。

> 卫鞅变法推行了一系列新法措施，使秦国国富民强，为以后秦国的称霸奠定了坚实的基础。

车裂而亡

不久，秦孝公因病去世，秦国大臣按照孝公的遗愿，拥立太子驷即位，就是秦惠文王。秦孝公的死，让卫鞅彻底失去了靠山，以公子虔为首的贵族联合反对新法，要求秦惠文王惩治卫鞅，势单力孤的卫鞅最终被处以车裂之刑。

没有商鞅变法，就没有秦国的强大，秦国统一天下也许就要延后许多年，或许根本不可能统一六国。但卫鞅刑罚太重，虽然立了威、有了信，却也为自己埋下悲剧的祸根。

探索古文明 中国

长平之战

公元前262年－公元前260年

长平一战可以说决定了秦、赵两国最终的命运。这一战中，秦、赵两国都是起倾国之兵，派能人志士先后上阵。赵国最终失败，败就败在用人不当。由此可见，有时候干将是否选派得当可以决定国家的兴或亡。

上党十七城

商鞅变法并未因商鞅之死而废止，秦国历经秦惠文王、秦武王、宣太后执政，军事实力对六国具备了压倒性优势，并多次击败六国联军。秦昭襄王根据丞相范雎"远交近攻"的战略构想，集中力量打击韩、魏、赵三国，准备将消灭这三个国家作为统一六国的序曲。公元前262年，秦军攻克韩国野王（今河南沁阳），将韩国拦腰截为两段。消息传来，韩国上下一片惊恐，赶忙遣使入秦，献出上党郡（今山西长治一带）向秦求和。上党太守冯亭认为，如果投降秦国，秦国接收上党，必会继续攻韩。于是，他将上党十七座城池全部献给赵国，希望由此挑起秦、赵两国争端，为韩国求得一个还可以生存下去的机会。

上党在赵国邯郸以西，处于太行山脉西侧。对于赵国来说，一旦上党落入秦国手中，秦军可以长驱直入，威胁邯郸。现在冯亭主动来献，赵国自然欢喜，赵王派老将廉颇率领四十多万大军前去接收上党，抵御秦军。但等廉颇大军到达上党附近时，秦军已经攻陷了上党，只有冯亭率领残兵败将来迎接廉颇。

蓄势长平

上党失守，几十万秦军驻扎在上党，廉颇必须找到一个地方来做防御，防止秦军乘势进攻赵国，这个地点选在了长平（今山西高平西北）。长平扼守上党与邯郸之间的咽喉，东、西、北三面环山，丹水与地势平行纵贯全境，便于军队隐蔽调动。此外，长平地区平原地形相对较少，不利于大兵团作战，秦军如果进攻只能梯次使用兵力，对防御的赵军来说很有利。廉颇在丹水东西分别建立了营垒屯兵，并分兵一万给冯亭守光狼城；分兵一万给盖负守东鄣城；分兵一万给盖同守西鄣城。以这三处作为前哨阵地，摆出了一副坚守的态势。秦将王龁率领秦军先后拿下东、西鄣城和光狼城，由此进入长平地区。秦军首先进攻西垒，廉颇指挥赵军略做抵抗后就撤至丹水以东，以丹水作为屏障，抵御秦军。

廉颇的作战意图很清楚，长平地区远离秦都咸阳，但靠近赵都邯郸，因此秦军的后勤补给线要比赵军长，廉颇决心在长平拖垮秦军。就这样，秦、赵两国百万大军在长平地区相持了很长时间，使得秦国耗费了大量的人力、物力、财力，即使秦国这样的强国也不堪重负。同时，赵国也面临着巨大的后勤补给压力，再加上赵国连续遭受灾荒，国内存粮也消耗殆尽。赵国向齐、魏等国借粮未果，更加剧了这种窘况。

赵孝成王即位后，急于建立功业以巩固自己的地位，对廉颇的消耗战术不太看好。秦昭襄王和相国范雎利用了赵国同样被旷日持久的战争拖得不堪重负以及赵孝成王急于求战的心理，派出大量的间谍到邯郸散播谣

杜虎符·战国

身长9.5厘米。1975年陕西西安郊区山门口出土。虎为走形，身有铭文，是秦惠文王时驻守"杜"地将军的兵符。

探索古文明 中国

秦赵长平之战图

长平之战，是中国历史上最早、规模最大的包围歼灭战。

言：廉颇老而无用，长平赵军迟早要败，唯怕名将赵奢之子赵括。赵孝成王竟听信了这谣言。

赵奢是赵国大将，曾于阏与大败秦军。他的儿子赵括从小熟读兵书，谈论兵法，赵奢也不是对手。有这些条件做铺垫，也就由不得赵孝成王不信了。对于起用赵括，赵国的老相国蔺相如不同意，他认为赵括兵法虽熟，但缺乏实战经验，不足为帅。赵括的母亲也表示反对，而赵孝成王都不以为然，最终还是决定用赵括替换了廉颇。秦国一看施计成功，便立刻以白起替换了主将王龁。

决定命运的交锋

赵括到任后，先率军主动出击，连连得胜。踌躇满志的赵括接着下令40万赵军全线进攻，仅留冯亭率领一

第二章 争鸣与争雄的时代：春秋·战国

小部分军队把守后方的东垒。而此时，白起则重新部署作战计划。

最初，白起请求秦昭襄王征发全国十五岁以上的男子用以补充兵源。然后，调主力部队退守西垒，将赵军主力吸引到西垒前。最后，白起选派25000名精兵抄小路去袭击赵军东垒。驻守东垒的冯亭寡不敌众，东垒失守，40万赵军背腹受敌。

这时，如果赵括沿丹水两岸向南北突围，赵军主力还可脱险，因为此时秦军仅仅是占领了东西两垒，还未全面合围赵军。但赵括决心要在长平和秦军决战，便命赵军夺回东垒。此时地形就变得对赵军不利，在东垒前，40万大军施展不开，只能分批冲向秦军占据的东垒，但无功而返，战机就这样被耽误了。白起一面等待援军，一面急令秦军在东西垒之间的赵军周围修筑墙垒，就这样，赵军逐渐被秦军的优势兵力合围了。赵军主力被围，赵国上下震恐，赵孝成王立即召集国内一切可以拿起武器的男丁，准备增援长平。可惜，秦昭襄王的援军先到，并切断了邯郸与长平之间的联系。同年九月底，已经被围了46天的40万赵军早就没了补给。赵括知道大军坚持不了多久，便亲自带队拼死突围，没多久就死于秦军乱箭之下。其余赵军全部投降，白起只将二百四十余名未满十五岁的赵人放归邯郸，其余赵国降卒全部坑杀。

长平一战，秦国以巨大的代价摧毁了东方头号军事强国——赵国（齐、楚虽兵力多于赵，但综合实力远逊于赵），中国历史进入战国时期最后的二十年，秦国一统天下的时刻即将来临。

> 长平一战，秦国彻底摧毁了赵国军事的有生力量，为其统一天下奠定重要的基础。

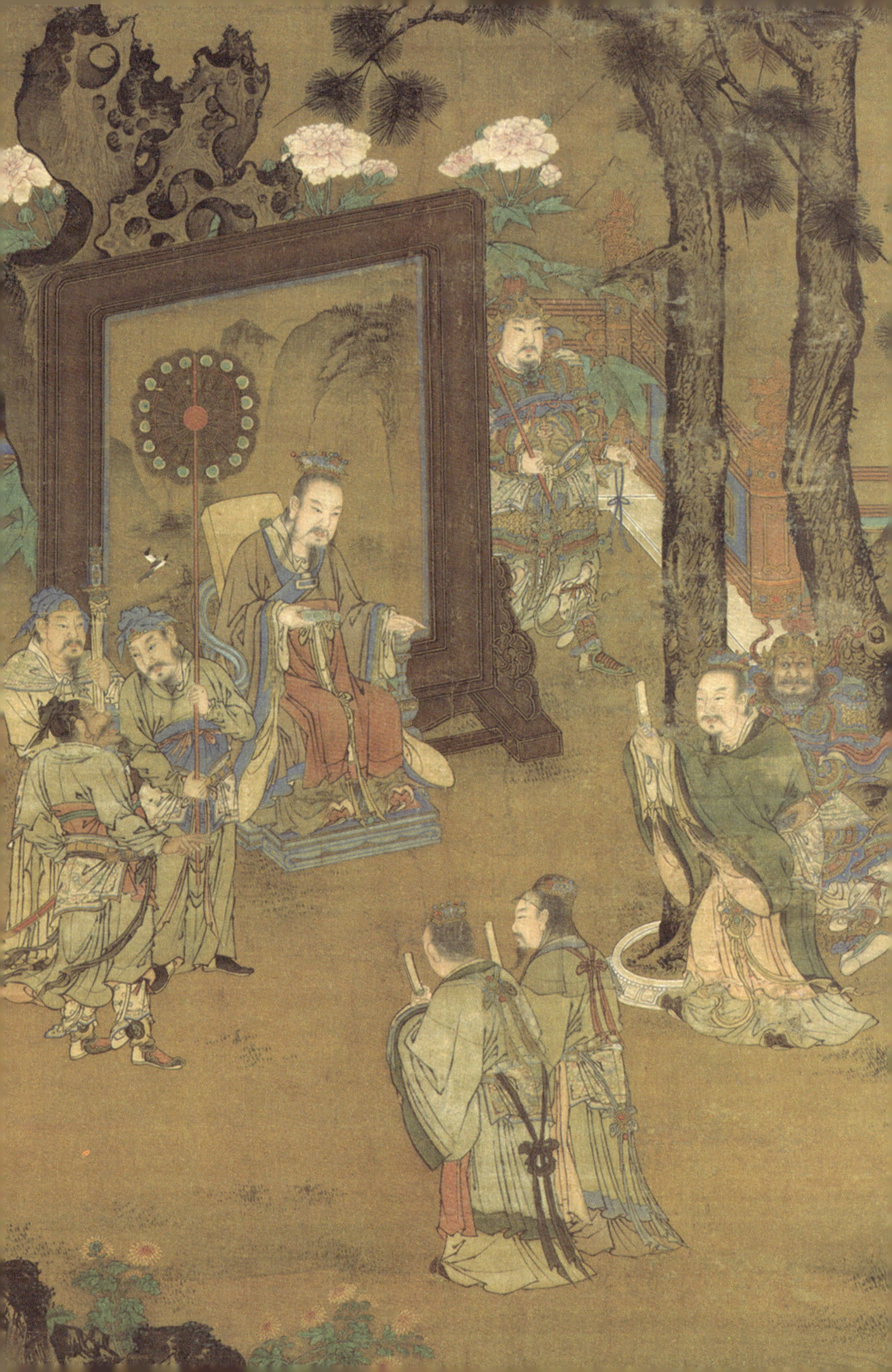

第三章

一个民族强盛的起点：
秦·汉

秦创造了中国历史上第一个大一统的封建王朝，为后世社会的发展创建了不朽的思想与制度。然而，秦始皇好大喜功、为政暴虐忽视了人民在历经分裂和无尽征战之后迫切需要休养生息的意愿以致丧失人心，加之朝政晦暗，秦王朝很快葬送了自己"千秋万世"的美梦。

汉朝统治者深谙秦失天下的根源，故而顺应民心、为政宽和、与民休息、发展农业、恢复社会生产秩序，加之统治者的励精图治，于是，一个强大的国家逐渐走上兴盛之路。

秦王扫六合　　楚汉争霸　　汉武帝的雄心伟业

探索古文明 中国

秦王扫六合

公元前 230 年 – 公元前 221 年

华夏大地上实行中央集权制的封建王朝是从秦朝开始的。此前的漫长岁月都是在部落、部落联盟、松散的奴隶制国家以及诸侯争霸、大国兼并的状态中度过的。公元前221年，这一切都改变了：这一年，地处西部边陲的秦国经过几代人的努力，终于在秦王嬴政的统治下结出硕果。这位雄心勃勃的君王横扫六合、一统天下，中国历史从此翻开了新的一页。

公元前259年，嬴政出生，十三岁那年登上秦王宝座。公元前238年，亲政的他先后铲除了长信侯嫪毐和相国吕不韦，真正掌握了秦国大权，开始他的统一大业。

首灭韩国

韩国与秦国接壤，且实力比较弱小。秦王决定，统一之路自韩国开始。

据说，秦国大臣李斯来见秦王嬴政，想向他提议先攻打韩国。嬴政见李斯，便高兴地说："寡人读到了几篇极好的文章，可惜不知道作者是谁！"李斯一看，原来是《孤愤》《五蠹》，便告诉嬴政，这是自己的好友韩非的杰作。嬴政说："若能与此人交流一番该多好啊！"李斯便说："此人正是韩国公子，若攻打韩国，便可一举两得。"秦王同意了。

秦军攻韩的消息传来，韩国君臣惶恐不安，无奈军事力量薄弱，只好派韩非出使秦国。秦王嬴政见到韩非极为高兴，决定重用他。李斯妒忌韩非，在秦王面前说韩非的坏话,秦王信以为真,将韩非关入监狱,李斯趁势逼他自杀。公元前230年,秦军一举攻占韩国都城新郑,俘虏韩王安。

李牧死,赵国亡

秦王接下来的目标是赵国。赵国在长平战败,损失惨重。公元前229年,秦军对赵都邯郸形成包围之势,赵王派大将李牧大败秦军。但此时赵国发生了灾荒,人心惶惶。秦国趁机兵分两路进攻,声势浩大。李牧指挥有度,与秦军相持一年。秦国大将王翦认为有李牧在,很难攻取赵国,于是使反间计,派人携巨资贿赂赵王迁的宠臣郭开,让他在赵王面前诽谤李牧。昏庸的赵王听信谗言,杀李牧,改派赵葱为将,故而,赵军兵败如山倒。公元前228年秋,秦军攻破赵都邯郸,赵国灭亡。赵公子嘉率宗族百人逃往代郡(今河北蔚县),公元前222年,代郡被秦军攻占。

刺秦不成反为祸

赵国的灭亡让燕国统治者坐卧不宁,而且听说王翦要趁灭赵之机来灭燕。燕国太子丹便找到勇士荆轲,想派他去刺杀秦王嬴政,以此来挽救燕国。当时燕国有一个因得罪秦王而逃出秦的将军叫樊於

好想站起来伸个懒腰!

灰陶跪射武士俑·秦

俑高130厘米,陕西临潼秦始皇兵马俑一号坑出土。武士屈右膝挺身跪姿,双手呈持弩的姿态,目视前方,似正准备随时张弩发箭。人体和衣物都被仔细地塑制得与真人实物完全相同,连武士鞋底上的线纹极其精细。

期。荆轲找到樊於期，向他坦承刺杀秦王的计划，但需要燕国督亢（今河北涿州、易县、固安一带）地图和樊於期的人头来取得秦王的信任，好接近他伺机行刺。樊於期知道荆轲是燕赵名士，值得信任，便拔剑自刎。荆轲带着樊於期的人头和燕国督亢地图，以献地求和为借口去见秦王。

秦王听到燕国献图求和的消息很高兴，忙召见荆轲。荆轲亲自捧图给秦王嬴政看，当地图打开到最后露出匕首时，荆轲立刻拿起匕首刺向秦王，但没有刺中。在大殿上追杀秦王的荆轲，随后不慎被秦王砍断左腿，最终被杀。荆轲刺秦王不仅没有挽救燕国，反而激怒了秦王。嬴政命王翦加紧攻燕。公元前226年，秦军攻入了燕都蓟城（今北京），燕王喜迁都辽东郡。公元前222年，秦灭楚以后，又派王翦的儿子王贲攻占辽东，燕国灭亡。

最终统一，始皇称帝

燕国既灭，嬴政便召集将领商议攻楚的事。年轻的将领李信请战："奄奄楚国何足挂齿，愿以20万大军攻下郢都。"老将王翦却坚持认为没有60万拿不下楚国。嬴政志得意满，轻视王翦的看法，于公元前225年命李信率20万大军攻楚。结果，李信不是楚将项燕的对手，大败而归。嬴政这才亲自到王翦家中，请老将出马，并答应给他60万大军。王翦于次年率军南下攻楚，大获全胜，于公元前223年占领了楚都寿春。

公元前225年，秦将王贲进攻魏国，引黄河水灌魏都大梁（今河南开封西北），魏王假出降，魏国亡。公元前221年，王贲率军从燕南攻入齐国都城临淄，俘虏齐王建，齐国亡。这一年，秦王嬴政建立了中国历史上第一个中央集权的封建王朝。嬴政认为，"王"已不能代表自己的功德并传之后世。李斯等人建议："古有天皇、地皇、泰皇，泰皇最尊贵，陛下就称泰皇吧！"但嬴政认为自己的功绩可比"三皇五帝"，决定自称"皇帝"。因为他是第一个"皇帝"，所以称"始皇帝"。

第三章 一个民族强盛的起点：秦·汉

大泽乡的吼声

公元前209年－公元前208年

秦朝末年，"河决不可复壅，鱼烂不可复全"，社会矛盾空前激化，秦王朝已经是千疮百孔。"一夫作难而七庙隳"，大泽乡的星星之火顿成燎原之势。作为中国历史上的首次大规模的农民起义，大泽乡起义有着怎样的社会背景？又有着怎样惊心动魄的过程呢？

揭竿而起

公元前210年，秦始皇在巡游途中病逝，中车府令赵高勾结丞相李斯，逼死秦始皇长子扶苏，立其小儿子胡亥为帝，是为秦二世。秦二世即位后，用血腥的手段树立自己的权威，逼杀了蒙恬、蒙毅等重臣，又大兴土木、修建宫室，这让天下百姓更加苦不堪言。

秦二世元年（前209）七月，正值淮北的雨季。风雨中，一支九百余人的队伍在两名将尉的押送下，向泗水郡蕲县的大泽乡（今属安徽宿州）前进，奉命去戍守渔阳（今北京密云西南）。秦律规定，戍卒延误既定日期者一律斩首。照这样的进程，这批人都得被杀头，众人愁眉不展。

陈胜像

陈胜与吴广领导了中国历史上第一次大规模的农民起义。在反秦斗争中，起义军的内部矛盾不断暴露，并导致起义最终失败。

51

探索古文明 中国

　　队伍中的两个屯长分别叫陈胜和吴广，他们认为，眼下逃跑是死，前进也是死，不如拼死一搏，或许还有一线生机。为了鼓动戍卒，陈胜、吴广将写有"陈胜王"的帛书塞入鱼腹，再让戍卒买鱼烹食。戍卒见到鱼腹中的帛书惊诧不已。当晚，陈胜让吴广潜入附近荒野中的神祠，燃起篝火，学着狐狸高呼"大楚兴，陈胜王"，让本就迷信的农民以为他就是真命天子。

　　之后，他们故意找碴儿，借机杀死两名将尉，高呼："王侯将相，宁有种乎！"这让戍卒们群情激昂，众人同声响应："愿听你的命令！"陈胜、吴广以为公子扶苏和楚将项燕复仇为名，"斩木为兵，揭竿为旗"，打出"大楚"旗号，陈胜自封将军，吴广为都尉。中国历史上第一次大规模农民起义的熊熊烈火便在大泽乡的雨夜燃烧起来。

张楚政权

　　在陈胜、吴广的指挥下，起义军所向披靡，攻下大泽乡，又拿下蕲县。之后兵分两路，一路由符离人葛婴率兵东进，另一路则由陈胜亲率向西。不到一个月的时间，先后攻下今安徽和河南两省的大部分地方。当起义军逼近陈（今河南淮阳）地时，已经拥有战车六七百辆、骑兵千余、步卒数万。不费吹灰之力，他们便拿下陈。

　　入城之后，陈胜听取众人

🌿 **大泽乡**

大泽乡，今安徽宿州东南刘村集。这里曾是陈胜、吴广起义的发端地。

的建议自立为"楚王",国号"张楚",即张大楚国之意。张楚政权建立以后,各地农民群起响应。沛县丰邑(今江苏丰县东)人刘邦在县吏萧何、曹参等人的支持下,杀沛县县令起义;楚国贵族后裔项梁、项羽叔侄杀秦会稽郡守响应陈胜。其他则还有英布、彭越等人先后在各地起兵,起义军的声势达到了顶峰。

功败垂成

陈胜称王后,组织起义军和各地反秦势力分头出击,向秦朝发起猛攻,起义军在广大人民的拥戴下"攻城略地,莫不降下"。秦二世元年(前209),起义军前军主力一度打到秦始皇骊山墓附近,距离秦都咸阳只有百里了。秦二世如遇晴天霹雳,一方面命大将章邯率几十万骊山刑徒发起反击;另一方面召回戍守北边、修筑长城的30万大军,由王离、苏角带领南下救援。

> 陈胜、吴广揭竿而起,"一呼而天下应",为刘邦、项羽等人的反秦事业奠定了基础。

起义军远来疲惫,面对凶猛而来的秦军,迅速溃败。在此期间,吴广因不听取下属的意见而被杀,接连的内讧加上秦军的顽抗,致使起义军接连惨败。前军主力的相继溃败,是起义由胜转败的起点。

陈胜称王之后,终日处于旧贵族的包围之中,渐渐腐化堕落,骄横自大起来,他亲小人、远贤臣,有功者不赏,有罪者不罚,致使他逐渐成为孤家寡人,为农民起义的失败埋下了祸根。

章邯乘胜进军,直逼陈胜大本营。一番激战后,陈胜见守城无望,退走汝阴(今安徽阜阳),不久又转战下城父(今安徽涡阳东南)。本想且战且走、坚持战斗的陈胜,没想到被其车夫庄贾杀害,起义彻底失败。

这时距陈胜起义才半年,鸿鹄之志未遂,却出师未捷身先死,这真是一幕触目惊心的历史悲剧。但陈胜"一呼而天下应",刘邦、项羽等后继者正踏着他的足迹,完成他未竟的反秦事业。

专题

尘封地下的军团

秦始皇陵 兵马俑 "世界第八大奇迹"

> 通过史料，我们知道秦军有战车千乘、坐骑万匹、步兵百万。之前，我们只能凭借想象去复原秦军的屡次防御、扩张之战。不承想，那些驰骋疆场的英雄、昂扬矫健的战马竟然化为了一尊尊雕塑，与战争中使用的车乘兵器一起默默尘封于地下2000多年。

规模宏大

  秦始皇陵中发现的兵马俑坑，其实就是巨大的陪葬品存放地，是古代殉葬制度的明证。在古代，殉葬极其普遍，商代以人殉最盛，到春秋战国时开始以俑代人，秦汉时期俑葬盛行。俑的质地以陶为主，兼用木、石或青铜，以兵马俑最负盛名。秦始皇陵中规模宏大的兵马俑阵，一是用来显示皇威，表彰功绩；二是借以辟邪驱鬼。兵马俑坑是秦始皇陵从葬坑的一种，位于陵东1.5千米处。按照秦制，宫城内驻扎的军队称为禁卫军，都城外驻扎的军队称为宿卫军。秦兵马俑位于陵的外城，代表着拱卫秦陵的宿卫军。

  对秦始皇陵兵马俑的发现并非始于1974年，从汉代到近代，秦俑就断断续续地出土了，因为兵马俑坑离地面的距离一般为5米，打井挖墓都极容易挖到，但是一直以来都没有引起人们的注意，直到1974年7月才开始正式的挖掘。到目前为止，已经挖掘的秦始皇陵兵马俑坑，虽然还仅是其中的一部分，但是其规模已经令世界震惊。其中一号、二号、三号坑都陈列有相当数量的俑葬品，俑坑均为地下巷道式土木结构建筑，坐西向东，呈品字形。三个俑坑布局严整，结构奇特。在深5到7米的坑底，每隔3米筑起一道东西相向的重墙，墙间空当为"过洞"，坑底墁以青砖，兵马俑陈列在过洞中。墙两侧约1.5米的地方栽以稠密的弦柱，柱头连接木梁，隔墙和顺梁上横铺密桁，上边覆以芦席、细泥和填土。

一号坑总面积约14000多平方米，是由兵车、步兵混合编成的矩形方阵构成，以步兵为主，称右军。东有弓弩手，呈三列横排组成先锋部队，中间为铠甲俑的主体部队，后置驷马战车，车两侧各一排驭手（古代驾驭马车的人称为驭手，在战车的编制中，一般每辆车配两名"车士"，一名"驭手"），组成进可攻、退可守的"临战军阵"。整个军阵又可分为若干单元，每个单元配置一名指挥官、若干战车和步兵。这些临阵待发的将士已经到位，弓弩手拔剑张弩，战马服驾，呈现随时待命即发的场景。

二号坑的总面积约6000平方米，平面呈曲尺形，是以战车、骑兵、步兵组成的攻防结合、车步协调、互相掩护的混合编阵，称为左军，是个象征性的行营，即军中的临时驻地。二号坑共有大型陶俑、陶马约1400件，内容更丰富、兵种更齐全，是目前考古史上发现的年代最早的大批骑兵俑群，说明秦骑兵已经形成了一个装备齐全的独立兵种。

三号坑呈凹字形，战车在阵前方待命，卫士在后方排成两列,手持仪仗等候将军的到来,据情形可以推断，这显然是战区指挥部。二号坑和三号坑中间有一个废弃的空坑，坑内既没有放置陶俑、陶马，也没有发现木结构建筑遗迹，考古学家猜测该坑原拟作中军，因秦末农民起义大军入关，工程被迫停建所致。四个坑构成完整的军阵编制体系，生动地再现了秦军"带甲（步兵）百余万，车千乘，骑万匹"，兵强马壮、气势磅礴的阵容。三个坑的葬品以数量多、体型大、技

栩栩如生的兵马俑

艺精巧、内涵丰富而被喻为"世界第八大奇迹"，并且对探究军事情形、陵寝制度、雕塑艺术、冶金技术等方面都有重要价值。

在挖掘的过程中，另外一个重要的发现就是，无论是秦始皇陵还是这些兵马俑坑，以及秦代的地面建筑，都是坐西向东，而且秦人数次迁都，也都是向东迁。秦人的这种东方情结，与后世君主面南而王、坐北朝南形成鲜明的反差。后人据此推测原因：一是秦朝礼俗，《史记》中鸿门宴上的座次就是典型的例证；二是秦始皇设计的统治传之万世不穷的蓝图，体现了秦始皇为实现永远统治的政治信念；三是以此向世人昭示秦人横扫东方六国，统一天下的千秋功业；四是秦始皇个人追求长生的愿望，对于仙人所居的东方始终不能释怀，向往死后可以在仙人的引导下圆梦。这些都只是推测，让我们静待后人拨开历史的迷雾。

技艺精良

秦始皇陵兵马俑被列为世界第八大奇迹，其中很重要的原因在于它的工艺之精美和制作之精巧。这些兵马俑每个体重有300多千克，平均身高在1.8米左右，仿真人大小，按照秦时的将士形象塑造，体格魁梧，服饰逼真，神态生动。观察装束、体态、神情、手势以及细微的发须，我们可以对将士们的职务、兵种、性格等辨明一二。一号坑中最前横3排武士俑，除3个将军俑外，其余的都身穿战袍、足蹬浅履、精梳各种发髻，无一人戴攻坚作战的头盔和护身铠甲。按照史料记载，秦自商鞅变法以来崇尚军功，战士临战皆不戴头盔，甲衣也简便，以骁勇著称。至秦始皇时，士兵根据不同的官阶、兵种、任务性质配备不同的戎装。军官和直接对敌交锋的战士，多配备铠甲。铠甲的防护程度，又因以上标准而不同。一般较低级或担任远距离攻击的士兵只备战袍。一号坑所显示的正是一般士兵的着装。

这几千个陶俑皆是分别雕刻后烧制而成。每个武士俑从军帽、服饰、靴履以至发式、胡须都千变万化、各具特征，尤其是人格化的描绘，使人物极富感情。如将军肃穆威严，长者老成持重，少者活泼开朗，还有的或愁苦，或愤怒，或微笑，可以说是融夸张与细致，去呆板和雷同，成为"宏伟与精致，概括与写实"浑然一体的杰作。不单制作人俑的技艺如此，各种车马俑亦是技艺超凡。秦始皇陵中的青铜车马，是考古史上年代最早、体型最大、保存最完好的铜制车马。青铜车身装饰华丽，绘有流云和几何图案的彩色花纹，骏马为乳白色。它们结构复杂，制作工艺高超。如二号坑中的青铜车马由2462个零部件组装而成，零部件均是铸造成型，组装方法采用了铸接、焊接、子母扣连接、活铰连接等多种工艺，是古代青铜制品中的瑰宝。又如二号坑中的一柄青铜剑，经检测，其表面含有氧化膜，这种镀铬技术，是近代最先由德国用一整套复杂的工艺流程才得以实现的，秦人是如何运用这门技术的，至今没人知道。此外，这些制品韧性好、色泽纯、密度大、防腐性能好，既坚硬又锐利，今人用秦时的生产条件实验了无数回都以失败告终，真可以说秦人的冶金技术已到了炉火纯青的地步。

秦始皇兵马俑二号坑

探索古文明 中国

楚汉争霸

公元前 206 年 – 公元前 202 年

> 鸿门宴上项羽的优柔寡断，不像西楚霸王的一贯风格，可这却是历史事实。项羽对刘邦的姑息可以用养虎遗患来形容，不过，项羽最终也吞下了自己种下的苦果。

在陈胜、吴广掀起起义浪潮之后，各地反秦势力纷纷响应。秦二世二年（前208），被起义军拥戴为反秦旗帜的楚怀王就与诸将约定：给先入关中灭亡秦朝的人封王。秦二世三年（前207），项羽率起义军在巨鹿背水一战，大败秦军主力，动摇了秦朝统治的根基。公元前206年，刘邦的军队攻破峣关，开入咸阳。将士们被咸阳的豪华奢侈惊住了，如饿虎扑食般扑向奇珍异宝。刘邦本想留下来安享富贵，但是在樊哙和张良的劝谏之下，他逐渐打消了享乐的念头，并召集百姓，与大家约法三章：杀人者死，伤人及贼抵罪，秦的酷刑一律废除。这使刘邦赢得了民心，在关中慢慢站稳脚跟。

曹无伤叛主

项羽收编了章邯旧部之后迅速向关中进发，到函谷关时被刘邦的士兵阻拦。项羽大怒，随即命令大军攻城，不久函谷关被攻破，项羽率军40万在鸿门（今陕西临潼东北）驻扎，并商议攻打刘邦之事。刘邦拥兵10万，军驻灞上，两军相距不过几十里。当晚，刘邦手下左司马曹无伤派人向项羽告密，说刘邦想当关中王，并用子婴为相。项羽手下的谋士范增也向项羽进言：

🍀 **秦始皇陵兵马俑坑中出土的箭镞**
秦军使用的兵器主要以青铜兵器为主，注重实用而少华丽，长短结合以便相互救助。

"刘邦早些年贪财好色，可这次进关既不取财也不抢人，他志向不小哇，况且此人有天子气，务必要除掉他，否则后患无穷。"

就在项羽和范增计划除掉刘邦的时候，楚军的左尹项伯已经给刘邦报信去了。项伯是项羽的叔父，曾被刘邦的谋士张良救过性命，所以一心要报答，打算通知张良赶快离开刘邦。张良趁机向项伯说明刘邦并无称王之意，只是想驻守关中等待项羽的到来，请求项伯在项羽面前说说好话。项伯答应了，并告诉刘邦，让他尽快到项羽营中去说明情况。然后，项伯连夜回营，把刘邦的意思告诉项羽，并劝他不要与刘邦为敌。项羽听说刘邦对自己如此恭敬，就对除掉刘邦这件事犹豫起来。

项庄舞剑，意在沛公

次日，刘邦亲自到鸿门拜见项羽。刚一见面，刘邦就一把握住项羽的手，一脸诚恳地说："我和将军并肩抗秦，仰仗将军的威势，我才能先入关，然后等待将军的到来，现在有人要挑拨我们的关系，实在可恨！"

项羽见刘邦真诚恭敬，怒火全消。酒过三巡后，范增觉得时机到了，就多次举起玉珏示意项羽下令杀死刘邦，项羽却总是装作没看见。范增十分着急，便找到项羽的堂弟项庄，让他借舞剑之名伺机杀死刘邦。项伯看出项庄意存不善，便和项庄共舞助兴，他始终挡在刘邦身前不给项庄机会。

张良见势不妙，忙跑出军门，找到樊哙。樊哙手持盾牌冲入大帐，竟无人能挡，项羽也被樊哙的勇猛震惊了，赐给他好酒好肉。樊哙趁机向项羽陈

探索古文明 中国

霸王别姬（扇面）·现代·刘奎龄

述刘邦并无称王之意，并质问项羽暗动杀机是何用意。项羽不善言辞，便坦诚相告是刘邦军中曹无伤告诉自己说刘邦有意称王，并非自己要杀刘邦。气氛有所缓和，刘邦借口如厕，偷偷回营，留张良殿后。

四面楚歌

鸿门宴后，项羽引兵西进，屠咸阳，杀子婴，尊楚怀王为义帝，立诸将为侯王，自立为西楚霸王。但分封并没有消除各方割据纷争的混乱局面，不久后战争再度爆发。汉王刘邦乘机进入关中，先是消灭了项羽分封的关中三王，后又领军东进，远袭彭城，并与项羽在荥阳、成皋之间相互攻杀两年多，相持不下。公元前203年八月，项羽因为腹背受敌，军粮将尽，被迫与刘邦订立和约，平分天下：以鸿沟为界，东归楚，西属汉。

同年九月，项羽按约定引军东归，准备重整旗鼓。刘邦却采纳张良、陈平的建议，撕毁鸿沟和约，乘项羽没防备，突然发动追击。公元前202年，刘邦率军四十万与十万楚军在垓下展开决战。项羽兵少粮尽，自知大势已去，趁着夜色向南突出重围。项羽来到乌江江畔，慨叹道："当年我曾带江东八千子弟渡江向西，如今落得如此下场，我有何脸面去见江东父老？"最终，项羽拔剑自刎，楚汉之争至此结束，中国历史进入了西汉时期。

第三章 一个民族强盛的起点：秦·汉

汉武帝的雄心伟业

西汉

公元前141年—公元前87年

关于汉武帝功过是非的争论，在汉朝就已经非常激烈。很多士人批评汉武帝劳民伤财。司马迁写《史记》，就在里面隐讳地说了很多讽刺时政的话。后来汉宣帝为汉武帝立议庙号，儒者夏侯胜更是直斥汉武帝虽有拓疆战胜之功，但致使天下虚耗、百姓流离，不当立庙。

西汉在汉武帝时期达到了极盛。在他执政的几十年里，内有主父偃策划推恩削藩，公孙弘、董仲舒推动独尊儒术，外有卫青、霍去病出击匈奴，张骞出使西域，唐蒙、司马相如出使西南，杨仆、韩说讨伐南越、东越。这些措施加强了汉朝对这些地区的联系和影响，也使统一的多民族国家的规模进一步扩大，汉武帝的建树可谓巨大。然而当人们重新审视这段历史时，却很难给他一个毫无争议的评价。

闽越王"万岁"瓦当·西汉

出土于福建武夷山市附近的闽越王城遗址。闽越王城又称"古汉城""闽王城"，始建于公元前202年，是闽越王无诸受封于汉高祖刘邦时所营建的一座王城。

推恩令

景帝平定"七国之乱"，虽削弱了诸侯王的势力，但有的诸侯国仍连城数十、地方千里，对中央政府构成威胁。武帝为了维

高昌故城遗址

高昌故城因其"地势高敞、人庶昌盛"而得名。虽经2000多年的风吹日晒，古城轮廓犹存，城墙气势雄伟，是古代西域留存至今的最大的古城遗址。

护国家统一、加强中央对地方的统治，采纳大臣主父偃的建议，实行"推恩令"。所谓推恩，就是诸侯王不可只将其封地分给继承王位的嫡长子，还要分给其他儿子们让他们建立侯国并上报朝廷，由皇帝制定侯国名号。这样做的结果是使原诸侯国的面积不断缩小，直到再也无力与中央政府抗衡。

元狩元年（前122），武帝颁布《左官律》和《附益法》。前者规定在诸侯国任职的国官为"左官"，以示其等级低于在中央任命的官员，且不得进入中央任职；后者严格限制士人、宾客与诸侯王的交往，以防范诸侯王结党营私。自此以后，诸侯王只能衣食租税，不得参与政事。汉初以来诸侯王尾大不掉的局面得以改善。

任酷吏、严刑法

汉武帝时，汉初以来的"法治"局面发生重大改变，酷吏政治兴起。武帝任用张汤、杜周等为代表的一批执法官吏，借他们之手，来达到加强皇权、推行政令、安定地方等目的。这些人善于揣摩武帝心意，舞文弄法：对于武帝想释放的人，就法外开恩，为其开脱；对于武帝想严厉惩罚的人，则严刑逼供，陷之死地。但酷吏政治并非一无是处。在打击强宗豪族方面，其中确有不畏强暴、秉公执法之人。酷吏之弊在于重刑任法，过于血腥残酷。诸多酷吏深文周纳，陷人于死地，株连达数千家之多。所以任酷吏、严刑法势必激化社会矛盾。

罢黜百家，兴办太学

汉代"尊"儒，最主要的手段就是将儒家经术作为培养和选拔人才的基本内容。建元五年（前136），武帝接受丞相公孙弘的拟议，设立《诗》《书》《礼》《易》《春秋》五经博士，使得儒学以外的诸子百家之学失去在官学中的合法地位，五经博士几乎独占官学权威。武帝又接受董仲舒的献策，于元朔五年（前124）创建太学，为五经博士配置弟子，建立博士弟子员制度。这是汉代官方教育的开始，而儒学作为学校教育的主要内容自此确立。太学的兴立，进一步推动民间积极向学的风气，也推动以儒学为主体的文化传播；同时，高门子嗣垄断官位的情形得到改变，中下层家庭的子弟入仕门径拓宽，而少数寒贱出身的人也得以跻身官场。

鎏金铜马·西汉

陕西兴平茂陵汉武帝墓中出土。马高62厘米，长76厘米。马身高大中空，造型朴实稳重，通体铜铸鎏金。据考证，该马是根据大宛天马的形象铸造的。

张骞出使西域

汉朝初年，匈奴在冒顿单于的带领下逐渐强大，对西汉的统治构成威胁。汉武帝听说以前在河西一带曾经有一个叫大月氏的国家，世代与匈奴为敌，就下诏在全国招募出使西域、联络大月氏共同抗击匈奴的使臣。

建元三年（前138），张骞奉命出使西域，结果被匈奴俘虏，匈奴单于将张骞扣押长达10年之久。张骞历经十几年磨难最终回到长安，虽没有达到最初联络大月氏共同抗击匈奴的目的，却同西域各国建立了联系，增进了汉朝对西域各国的了解。元狩四年（前119），汉武帝任命张骞为中郎将，率领随从300人出使乌孙。

张骞两度出使西域，前后长达18年，行程数万里，他走出的这条道路不仅影响着西汉王朝，而且在这之后的几千年里，一直是中西方交往的重要通道，也就是后来举世闻名的"丝绸之路"。

北抗匈奴，南定百越

汉初，匈奴铁骑屡侵中原，延续十多年之久。武帝登基后，出兵抗击，其中影响最大的战役有3次。元朔二年（前127），汉军将领卫青采用远程奔袭战术，发动河南之役，收复秦末陷入匈奴的河南地，解除匈奴对都城长安的威胁。元狩二年（前121），汉军将领霍去病采用大迂回侧击战术，发动河西之役，一举荡平河西地区的匈奴各部，夺回河西走廊，设立酒泉、武威、张掖、敦煌四郡，汉朝与西域的联络之路由此打通。元狩四年（前119），卫青、霍去病又采用快速连续攻击战术，发动漠北之役。霍去病

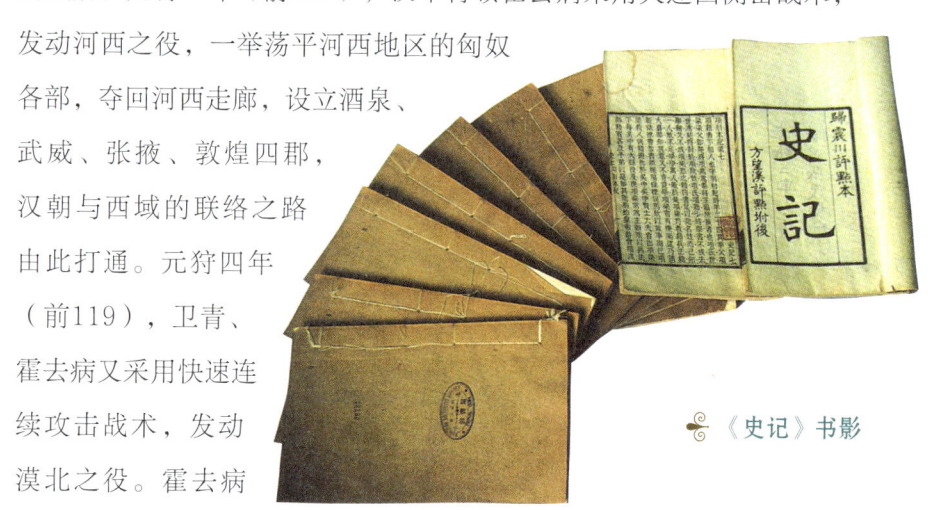

《史记》书影

率汉军深入匈奴腹地两千余里，匈奴左贤王部被击溃，全军覆没。

"越人"，统称"百越"，是广泛分布于南方的少数民族，其支系繁多，各有种姓，互不统属，存在扬越、句吴、闽越、东瓯、南越等分支。建元三年（前138），闽越受人唆使，进攻东瓯。汉朝派军援助，闽越仓皇撤退。东瓯害怕闽越再度进攻，请求内迁。汉朝迁东瓯四万余人于江淮流域（今安徽庐江一带）。建元六年（前135），闽越王又滋生事端，兴兵出击南越，南越向朝廷告急。汉军未到，闽越内部发生内讧，举众请降。元鼎六年（前111），南越发生叛乱，武帝派兵平息，后在南越故地分立南海、苍梧、郁林、合浦、交趾、九真、日南、儋耳、珠崖九郡。同年，东越地区又发生叛乱，汉朝平定叛乱后，武帝又迁徙其众于江淮间，从此控制了广东、广西大部分地区及越南北部和中部。

奢侈无度，滥杀大臣

武帝一生建树颇多，这自然需要大量贤才的辅佐。武帝不拘出身，多方提拔人才。可武帝也有着专制皇帝的通病，就是将人才视同鹰犬，对于使用得得心应手的大臣可谓"君臣相得"，但是一有不合意的时候，武帝动辄诛杀，常灭人三族。

汉朝初年丞相职权极重，在礼节上也与诸侯王相同，尊贵无比。然而武帝对大臣督责苛严，公孙弘之后的三任丞相李蔡、严青翟、赵周都先后被下狱处死，一时弄得人人自危，丞相一职竟成为令人害怕的官位。丞相之尊尚且如此，其他官职就更不用说了，这种情况到武帝晚年的时候愈发严重。可以说，和武帝生在同一个时代是大臣们的幸事，也是他们莫大的不幸。

> 汉武帝颁布太初历法。以正月为一年的第一个月，这一历法制度一直被沿用至今。

探索古文明 中国

得陇望蜀的光武帝

东汉 公元25年—公元36年

在汉室沦落的时代，并不起眼的刘秀竟然挽救了汉室江山。刘秀之所以能成为力挽狂澜的英雄人物并非偶然，他是一个既有雄心壮志又有雄才大略的皇帝，"得陇望蜀"也正是他政治抱负的表现之一。

王莽代汉建新不久，就推出一系列改革措施，制定这些政策之初本就缺乏深思熟虑，一遇挫折，又朝令夕改，令老百姓手足无措。再加上天灾连年，各地流民遍野，起义的烽火燃遍关东，而其中势力最大的就是绿林军和赤眉军。绿林军因时势所需，加入刘秀部队，对推翻王莽政权起到了重要作用。公元25年，刘秀在鄗县（今河北柏乡县北）即皇帝位，年号"建武"，即汉光武帝。刘秀称帝后开始着手统一全国。建武五年（29），刘秀给占据河西的窦融写信，劝他放弃武装割据，并允诺封窦融为凉州牧。窦融欣然接受，成了东汉的地方官。这时，全国的武装割据力量就剩下陇西的隗嚣和巴蜀的公孙述了。

> 正因为有"得陇望蜀"的雄心，光武帝刘秀才能异军突起，步步为营，恢复汉室江山。

说降隗嚣

建武三年（27）十一月的一天，光武帝正考虑用兵西部地区，太中大夫来歙说："隗嚣刚起兵时以复兴汉室为名，我写信劝他，他定会归降，这样

第三章 一个民族强盛的起点：秦·汉

公孙述也就不难对付了。"光武帝觉得很有道理，就派来歙出使陇西招降隗嚣。收到书信后，隗嚣果然跟着来歙来拜见光武帝。光武帝很高兴，用接待外国君王的礼节接待了隗嚣。隗嚣回到陇西后，多次帮助刘秀手下的将领冯异迎战公孙述，从侧面支援了巴蜀战场的汉军。光武帝知道这些情况后，更加器重隗嚣。

平定陇西

尽管光武帝一直用尊荣之礼对待隗嚣，可隗嚣并不安分，仍然抱有脚踩两只船的想法。隗嚣派大将马援出使公孙述，以探其虚实。马援回来表示，公孙述不过是井底之蛙，不足为虑。之后，隗嚣又遣马援去洛阳见光武帝。光武帝以故人之礼接见马援，这让他感动之余，也看出了光武帝的帝王气度。

马援回到陇西，隗嚣向马援询问此次出使的情况，马援说："光武帝才智勇略，为人坦诚，心胸博大，行有节度，有能力治理天下，无人能及。"这些毫不掩饰的夸奖令隗嚣大为恼火，让他生出了背叛光武帝的念头。

这年冬天，光武帝致书隗嚣，让他参加攻蜀战役以表忠心。可隗嚣却首鼠两端，始终不肯出兵助战，并暗自准

玉熊·西汉

陕西咸阳市周陵乡新庄村出土。高4.8厘米，长8厘米。这是一件难得的玉雕作品。玉熊紧闭双唇，双耳贴于脑后，圆而有神的双目直视前方，四足交错呈漫步行走状。腿边腿侧仅雕刻数刀鬃毛，却产生了鬃毛满身的效果。雕刻者还突出了体态和头部特征的刻画，用简练的刀法雕刻出熊肥胖的体态，憨厚而可爱的神情。

探索古文明 中国

备，打算反叛光武帝。起初，马援边向光武帝为隗嚣求情，边劝降隗嚣，但隗嚣并不买账。马援开始上下游说，把隗嚣军中许多将领都说动了，自动归顺光武帝，剩下隗嚣一个孤家寡人，只好投降了公孙述。建武九年（33），众叛亲离的隗嚣得重病而亡，汉军趁机发动总攻，于次年十月彻底平定了陇西。

再平巴蜀

平定陇西后，光武帝派大将岑彭留守陇西，并嘱咐他可以继续向南用兵，希望平定巴蜀的公孙述。光武帝还自嘲说："人苦不知足，既得陇，复望蜀。"

建武十一年（35），光武帝派岑彭与部将吴汉水陆并进，从东边入蜀，而派来歙和大将盖延从北边入蜀，公孙述的巴蜀政权已经处在风雨飘摇之中了。公孙述当然不甘心，于是派出刺客暗杀汉军将领，来歙背部中刀而死。来歙被杀的消息传到洛阳，光武帝悲恸欲绝，决定亲自领军征讨巴蜀，为来歙报仇。建武十二年（36）十一月，吴汉率军大举进攻成

🌿 **汉光武帝刘秀像·清**

经过长达12年的统一战争，刘秀先后平灭了关东、陇右、巴蜀等地的割据政权，结束了自新莽末年以来长达近20年的军阀混战与割据局面。刘秀在位33年，兴儒学、崇气节，其统治时期被后世史家推崇为中国历史上的盛世之一。

部曲将印·东汉

按照东汉军制，将军领数部，部下设曲，称部曲。

都，在战斗中，公孙述负了重伤，当晚便死了，巴蜀地区也终于归入了东汉的版图。

"得陇望蜀"这个成语在后世被用来比喻人的贪婪之心，而在当时，光武帝的"得陇望蜀"却是一种统一天下的雄心壮志。也正是因为他有此雄心壮志，光武帝才可能在两汉之交、天下纷乱的时候异军突起，冲破重重阻碍，恢复了汉室王朝，登上了皇帝的宝座。

Discovery

遍地黄巾起

东汉后期，宦官与外戚集团争权夺利，政治极度黑暗；豪门地主又大量兼并土地，大批农民流离失所，加上自然灾害不断，农民只能在死亡的边缘挣扎。巨鹿人张角趁机以"太平道"的宗教形式秘密活动,几年之间就发展到了几十万人，徒众遍及青、徐、幽、冀、兖、豫、荆、扬八个州，一场轰轰烈烈的农民大起义爆发了。然而，起义队伍却随着首领张角的病逝而分为两部分，最终败给汉大将皇甫嵩。但黄巾起义彻底动摇了东汉王朝的统治，加速了其灭亡的进程，虽没有推翻东汉政权，却给了各地方豪强们一个窥视中央政权的机会。

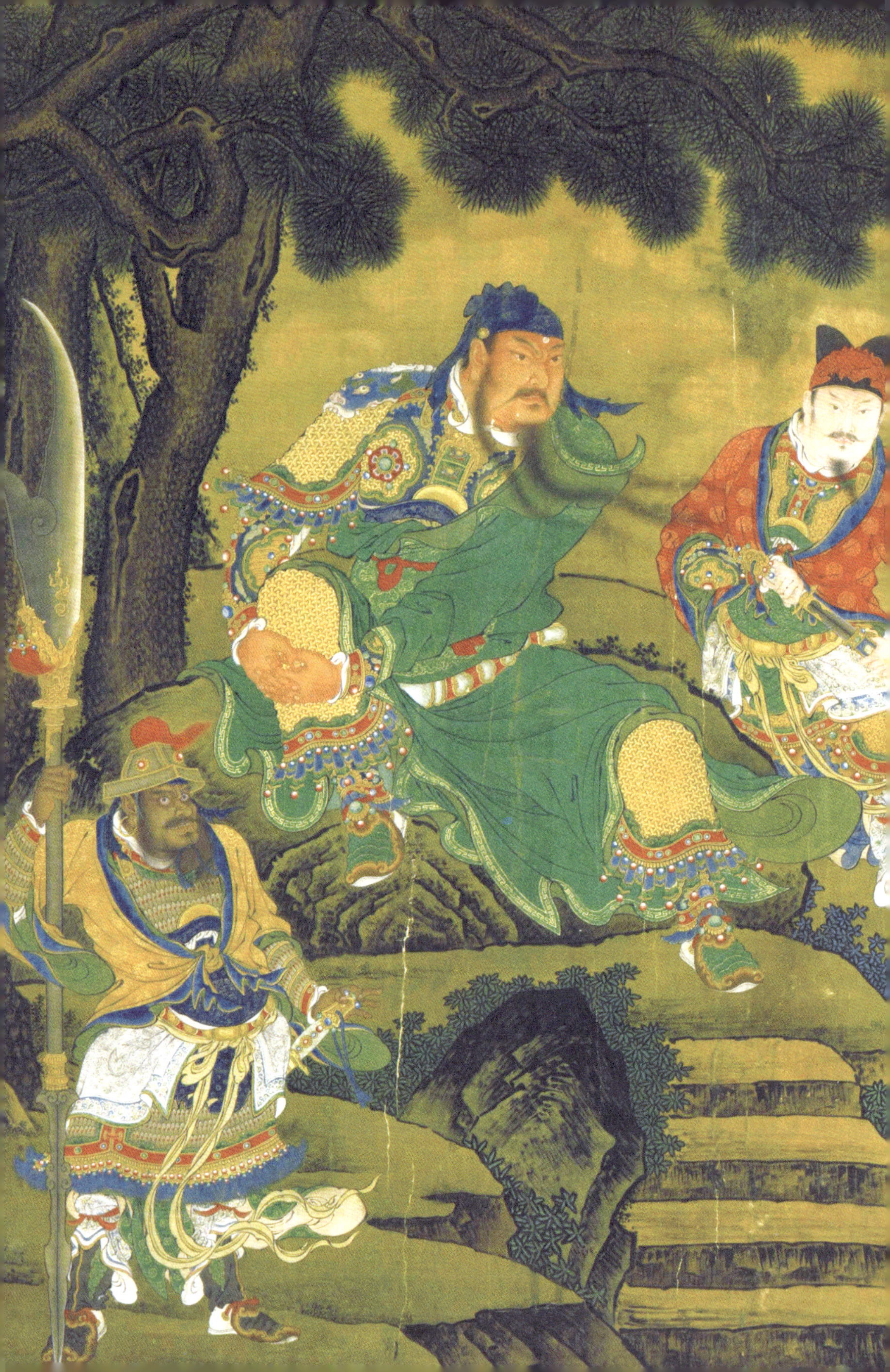

第四章

动荡纷争四百年：
三国·两晋·南北朝

东汉末年，随着土地兼并的加剧，地方豪强群起而割据，互相征伐，中国历史随之进入一个持续将近四百年的动荡纷争时期。曹魏政权替代了汉王朝的统治，却陷入与蜀、吴对峙的局面，最终被司马氏族的晋政权所统一。然而，和平安定的局面很短暂，西晋"八王之乱"不但将晋政权推向末路，也将华夏大地推向了万劫不复的深渊——"五胡"混战，南北割据，干戈四起，治乱嬗替。华夏大地上的各个民族在对峙中融合，也完成了精神的洗礼。

赤壁烽火　　八王之乱　　坚持改革的北魏孝文帝

探索古文明 中国

赤壁烽火

三国 公元208年

曹操有雄心有谋略,想借着平定北方的东风统一南北。但是客观条件还不成熟,加之他又遇到了另外两个英杰——孙权和刘备,所以在赤壁之战中吃了败仗。

东汉末年,黄巾起义被镇压后,地方豪强纷纷拥兵自立,相互争伐。建安五年(200),曹操与袁绍在官渡展开决战,袁绍大败,曹操成为北方最强的军事集团首领。建安九年(204),曹操挥师平定辽东的乌桓,基本统一了北方。曹操开始注视西边的凉州和南方的荆州、扬州、益州等。凉州地方小,可以先放在一边,但是荆州和扬州面积大、人口多,如能拿下,无论是战略位置还是后勤补给,将会收益巨大。

荆州归降

曹操首先相中的是荆州的"大软柿子"——刘表。建安十二年(207)七月,曹操率军南下,进攻荆州。八月,刘表听到曹操率大军亲征,就在忧愁恐惧中病死了,把抗曹的艰巨事业扔给了自己的小儿子刘琮。刘琮年纪轻轻,其掌管荆州水军的舅舅蔡瑁建议投降以保全荆州。刘琮采纳,派人给曹操送上了降书,曹操很高兴能够兵不血刃就得了这么大一个便宜,但刘表的远房兄弟刘备和刘表的大儿子刘琦很不高兴。刘琦原来在襄阳,受到兄弟刘琮的排挤,所以跑到江夏(今湖北武昌)避祸。

曹操顺利进了襄阳城，收编了刘琮的部队，又派出部队追杀刘备。刘备拖家带口逃跑，还有十多万百姓跟随，怎能跑得快？曹军终于在当阳（今湖北当阳）的长坂坡追到刘备，将他打得妻离子散。此时刘备已不能再往南跑了，他跟张飞一道率领残军向东跑到汉水边上，正好关羽的水军开到，接上刘备向江夏去投靠刘琦。

青釉人擎灯·三国·吴

这件瓷灯出土于湖北宜昌。瓷灯分为上下两部分，下部塑造为人形，有眉目口鼻，将上部的灯柱托盘顶在头顶，左右两臂从两侧上举，托住托盘。现藏于湖北省博物馆。

孙刘联合

刘备的谋士诸葛亮提议："事态危急，我想去柴桑（今江西九江）找孙权搬救兵。"刘备也正发愁自己和刘琦挡不住曹操，当然愿意拉上一个有力的帮手，于是就让诸葛亮去游说孙权。

孙权心里明白，曹操占了荆州，下一个目标就是他。当时，以老臣张昭为主的一派主张投降曹操，以鲁肃为主的一派主战。鲁肃表示："臣子投降，尚有官做，或可升迁；君主投降，恐怕只有囚车可坐了。"孙权非常同意鲁肃的看法，他也知道自己实力不如曹操，可是就这么投降，把父兄辛苦打下来的江山拱手让人，也太窝囊了，孙权想赌一把。

正巧这时诸葛亮到了，孙权就打算和诸葛亮商量商量。孙权问诸葛亮："您从荆州来，曹操军队怎么样？"诸葛亮直摇头道："厉害，厉害！曹操果然名不虚传，刘琮望风而降，就连刘豫州（刘备）也吃了败仗。"孙权皱眉，心想诸葛先生怎么长敌人威风灭自己志气，又问道："那么刘豫州和我该怎么办？"诸葛亮说："我们刘皇叔是汉室宗亲，很有志气，四方民众

探索古文明 中国

历代帝王图（局部）·唐·阎立本

这张局部图包含了三国时期的三位帝王——魏文帝曹丕（右）、吴主孙权（中）、蜀主刘备（左），这三位开国君主在画家笔下都体现了"王者气度"和"伟丽仪范"。现藏于美国波士顿艺术博物馆。

对他仰慕得不得了，他肯定是不向曹操这个奸臣投降的，至于打不打得过就听老天的了。说到您呢，您应该估量一下自己的实力，打得过就打，打不过就投降算了。"诸葛亮的激将法产生了作用，孙权气呼呼地说："你们刘豫州是英雄，决不投降，难道我就是窝囊废了？先生不必激我，我是想要联合刘豫州抵抗曹操的，就是不知道你们有多大力量？"诸葛亮心中暗喜，他想也是时候给孙权打气了，就说："我们虽然在长坂坡打了败仗，可是剩下的人马加上关羽和刘琦的队伍，一共还有两万多人，您要是再派上几万精兵猛将，还是可以跟曹操打一仗的！"

孙权有了鲁肃、诸葛亮的鼓动，很想跟曹操打一仗，可是还有些犹豫。这时，大将周瑜也从鄱阳赶回来了，他与诸葛亮对曹军的分析相似，劝孙权对曹作战："曹操虽然在名义上是汉朝丞相，其实是汉朝的奸贼。孙将军您英雄盖世，继承父兄的功业，占据着方圆千里的土地，物资丰裕，兵精将猛，此时正是为国家锄奸的时候。曹操自己前来送死，怎么可以向他投降呢？曹操后方还有凉州的马超、韩遂等隐患；曹军远来疲惫，而且水土不服，容易患上疾病，他们的马匹也缺乏草料；曹操军队中又以北方人居多，骑兵厉害，但水军不行；曹操声称自己有八十万人，其实也就十五六万，收编的荆州军队也不过七八万，而且对曹操还没有真心服从。他们有这么多弱点，您只要拨给我五万人马，我保证为您击破曹贼！"

> 赤壁之战，初步奠定了曹、孙、刘三足鼎立的局面。

孙权有三位俊杰为他摇鼓打气，又听了这种到位的分析，终于下定决心，于众人面前拔出佩剑，"咔嚓"一声砍掉木案的一角，发狠地说："以后谁再敢劝我投降，下场跟这张木案一样！"

火烧赤壁

周瑜领着3万人马到江夏郡与刘备、刘琦会合，共同抗曹。周瑜军队的前锋在长江南岸的赤壁（在今湖北赤壁）与曹军遭遇，打了一小仗，曹军败了，于是曹操下令长江南岸的军队撤回江北，与水军一块行动。曹操的水军底子是收编自刘琮的荆州水师，集中在长江北岸的乌林一带。北方人在波涛汹涌的江上头晕目眩，船队被风吹浪打得也不成行列，曹操就让人将这些船用铁索连起来，使船晃动得不那么厉害，这一点很快就被周瑜所利用。

周瑜的大将黄盖向曹操诈降，开船过去放了几把火。曹操军队顿时一片混乱，周瑜乘机进攻，曹军抵挡不住，只好逃跑。曹操败是败了，但嘴还很硬，临走前他吩咐将剩下的船也一并烧了，免得被周瑜抢去，所以后来他说："撤退不是什么难为情的事，船是我自己烧的！"曹操给自己找台阶下的本事还是不错的。赤壁之战，初步奠定了曹、孙、刘三足鼎立的局面。

探索古文明 中国

曹魏政权的成败

公元220年－公元265年

魏文帝曹丕和他父亲曹操一样，是个有着雄才大略的皇帝。曹丕不但以自己谨慎的言行获得了父亲的信任并得到了王储的身份，还依靠父亲的权势建立了魏国，取代了东汉王朝。曹丕继续推行屯田政策，让当时的整个中国北方获得了休息和发展的机会，为日后西晋统一中国打下了基础。

立为王嗣

曹丕，字子桓，曹操的第二个儿子。汉灵帝中平四年（187）冬天，曹丕出生于谯县（今安徽亳州）。有曹操这个大政治家父亲，曹丕从小就受到了严格的贵族教育，小小年纪便有文武双全的势头。建安十三年（208），从赤壁大败而回的曹操觉得自己体力已经不如从前，开始着手安排接班人，就直接把儿子曹丕升为五官中郎将、副丞相。

建安二十一年（216），曹操晋封为魏王，加九锡，册立王世子的事情就被提到议事日程上来。当时曹操的正室夫人是丁氏，因为丁夫人没有子嗣，就收养了小妾为曹操生的孩子曹昂为子。曹操的侧室卞夫人为曹操生下了曹丕、曹植、曹彰、曹熊4个儿子。后来，曹昂在宛城之战中战死，王世子就只能在升为长子的曹丕和深受曹操喜爱的次子曹植之间产生。

当时曹丕和曹植身旁各有一帮亲信。曹植身边多是诸如名士丁仪、丞相主簿杨修这样虽文章出众但是政治敏感度较低的文人。而曹丕身边则是尚书崔琰、尚书仆射毛玠和太中大夫贾诩这些跟随曹操辛苦创业的能臣干将，再加上"立子以长"的观念,使得曹丕在斗争中占据上风。曹植丝毫没有感觉到形势对自己的不利,依然我行我素,甚至驾车在皇帝的御道上奔驰,引得众人侧目。曹操知道后勃然大怒,重罚曹植,并下旨立曹丕为王世子。

建魏称帝

汉献帝延康元年(220)正月,雄才大略的曹操死在了洛阳。当时身为王世子的曹丕正在封地邺城(今河北临漳),得知曹操的死讯后悲痛大哭。中庶子司马孚(司马懿的弟弟)劝曹丕说:"魏王去世,天下以你为主心骨,你怎能像普通人那般愚忠愚孝呢?"曹丕醒悟过来,立刻赶往许都,召集群臣商量大事。群臣纷纷给献帝上奏章,要求让曹丕继承王位。献帝无奈,封曹丕为丞相、魏王,领冀州牧。至此,曹丕完全继承了曹操遗留的权力。待王位稳固后,曹丕准备把有名无实的汉献帝赶下台,自己做皇帝。延康元年(220)十月,汉献帝将帝位禅让给了曹丕。

曹丕称帝后,实行"九品中正制",确立了士族豪强在政治上的特权,开辟了魏晋南北朝时期的门阀制度。曹丕还设置了秘书监和中书省,中书省设置中书令,主管通达百官奏事,以此分掉尚书令的权力,改变了东汉后期尚书台权力过重的局面。在经济上,

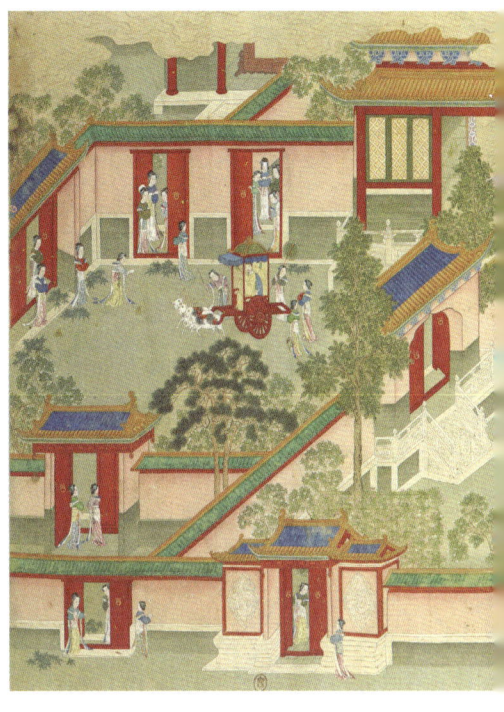

帝鉴图说之羊车游宴·明

这幅图册讲述了晋武帝司马炎灭吴之后,开始纵情享受,荒于政务,每天在宫中乘坐羊车巡行,羊车来到哪个嫔妃的住所,他就住宿在哪个嫔妃之处,再无执政初期励精图治的态度。

探索古文明 中国

曹丕继续实行屯田制,重视水利建设,使魏国的实力进一步增强。

"一言堂"

黄初七年(226)五月,曹丕病重,命镇军大将陈群、中军大将曹真、征东大将军曹休、抚军大将军司马懿共同辅佐其子曹叡。同月,曹丕病逝于洛阳,谥号文帝。

曹丕病逝后,曹叡在洛阳登基,是为明帝。曹叡执政前期勤于政事,颇有建树,但是其统治后期却大兴土

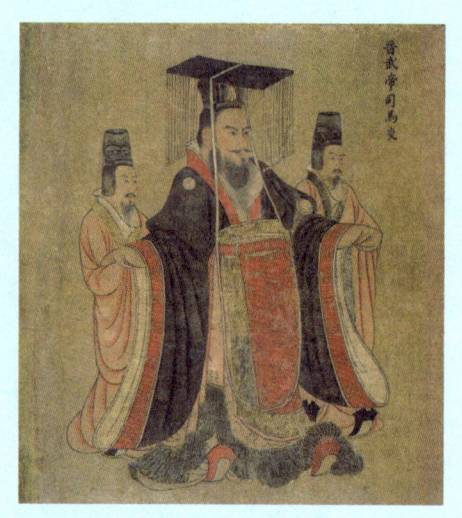

历代帝王图之晋武帝像·唐·阎立本

司马炎,字安世,河内温县(今河南焦作)人,西晋开国皇帝。

木,沉溺于声色。景初三年(239),曹叡病逝,时年仅三十六岁。曹叡临终前将朝政托付给宗室重臣曹爽和大臣司马懿,让他们辅佐年幼的太子曹芳,拜曹爽为大将军,司马懿为太尉。曹爽虽然和司马懿同受顾命,但因为他是宗室,所以地位比司马懿略高一等。曹爽忌惮司马懿的才能,于是给少帝上表,升司马懿为太傅(掌辅导太子),用明升暗降的方式将司马懿驱逐出权力中心,司马懿虽然内心不满,却无可奈何。曹爽又任命弟弟曹羲为中领军,曹训为武卫将军,统带禁军;又重用士子何晏、邓飏、李胜、丁谧等人,以为心腹,曹魏政权演变为曹爽的"一言堂"。

高平陵之变

尽管曹爽已经大权在握,但曹爽的"智囊"——大司农桓范还是提醒他要小心老奸巨猾的司马懿。曹爽派李胜去司马懿家探听一下虚实。司马懿听说李胜来访,就躺在床上装病,还故意装作耳聋,将李胜所说的荆州听成并

州，让李胜认为他已经老迈不堪，行将就木。李胜果然被司马懿骗过。曹爽欢喜地说："这老头一死，我们就可以高枕无忧了！"于是曹爽放心地带着曹芳和文武大臣离开洛阳城，前往魏明帝曹叡的陵寝——高平陵进行拜祭活动。

曹爽刚出城，司马懿的长子司马师就召集起司马氏家族蓄养的三千死士攻占了洛阳城南的武库，夺取了兵器；司马懿的次子司马昭则带领另一路人马前去"保卫"皇太后所在的永宁宫，从太后手中得到了一道废黜曹爽兄弟的诏书。司马懿自己则召集高级官员开会，向他们宣布曹爽意图篡夺帝位，自己奉皇太后之令，罢去曹爽官职。很快，洛阳城就被司马懿控制。

曹爽被杀

得到洛阳被司马懿占领的消息后，曹爽方寸大乱，有心和司马懿死拼一场，但是听闻众人在城内的家属都安然无恙，只是被监视而已，他又举棋不定了。这时，在洛阳城中留守的大将军府司马鲁芝、参军辛敞，以及大司农桓范从洛阳城中逃到了高平陵。桓范建议曹爽奉天子到许昌，召集四方军队打回洛阳。但曹爽依然犹豫不决，打算向司马懿投降，说道："罢了，我做一个富家翁足矣！"桓范大哭，骂道："虎狼之侧岂容酣睡！想当年曹子丹（曹爽的父亲曹真）何等英雄，却生了你们几个蠢笨如牛的兄弟，如今我老头子要因为你们遭灭族之祸了！"曹爽回城后马上被软禁。不久，曹爽和党羽何晏、丁谧、李胜、桓范等人及其三族百余人都在洛阳北郊被处死。

曹爽等百余人的死震撼了朝野，朝中百官见风使舵，纷纷上奏，要皇帝册封司马懿为丞相，就是把他视为当年的曹操了。司马氏把持了朝政，清洗曹氏势力。少帝曹芳的继任者高贵乡公曹髦不甘心做傀儡皇帝，带了奴仆去攻打司马昭，结果半路就被阻截，惨死。又过了几年，司马昭的儿子司马炎强迫魏帝曹奂以禅让的方式交出玉玺，"名正言顺"地做了皇帝，建立了西晋王朝，是为晋武帝。

探索古文明 中国

八王之乱

西晋　公元 291 年—公元 306 年

晋武帝不听大臣的意见，乱封诸侯王的举动让他的儿子司马衷遭受了厄运。西晋王朝的混乱不是农民起义造成的，也不是外敌入侵造成的，而是由一个凶残恶毒的皇后和八个权欲熏心的王爷造成的。

西晋太熙元年（290），晋武帝去世，太子司马衷继位，就是晋惠帝，太子妃贾南风为皇后。晋惠帝和贾后夫妻俩是出了名的"愚夫妒妇"，他们把刚建立的西晋拉进了深渊。晋惠帝的愚笨给了贾南风专权的机会，她秘密谋划，借楚王司马玮（司马炎第五子）之手，除掉武帝的皇后杨氏及其父亲杨骏，把外戚杨氏的势力从朝中彻底清除；召汝南王司马亮入朝辅政，诬陷司马亮有妄图废黜惠帝的不臣之心，以惠帝的名义诏令司马玮杀死司马亮后又否认惠帝曾下过此诏书，便以"矫诏"擅杀大臣的罪名，收杀司马玮。不久后，她又把主意打到太子身上。

太子之死

贾后把持西晋政权，废掉太子之后，太子手下的东宫武官右卫督司马雅、常从督许超、殿中中郎士猗等人心怀不满，打算废掉贾后，然后复立太子。可一来他们手里没有兵权，二来他们觉得这种大事得由王公重臣出面才能名正言顺，于是这几个太子的忠臣就看上了手握兵权的赵王司马伦，打算先说动司马伦的心腹谋士孙秀，再让孙秀去劝说司马伦。孙秀被司马雅等人的言辞说动，答应劝司马伦拥立太子。

可这孙秀也是个利益当先的政客，他先把司马雅等人的意思告诉了司马伦，然后又劝说司马伦："太子刚猛，如果他复立，那么赵王您以前拥立贾后的事情肯定还是会被追究，不如我们等待时机，先让贾后害死太子，我们再以为太子复仇的名义废掉贾后，朝廷大权就都在您的手里了。"司马伦觉得孙秀说得很有道理，就派人到处散布消息说，朝中大臣要拥戴太子复位。这消息三传两传传到了贾后的耳朵里，她立刻命心腹太监带人害死了太子，之后又装模作样地用诸侯王的礼仪埋葬了太子。

嵌绿松石龙纹金带扣·西晋
带扣镂雕一条扭身摆尾的龙，翻腾于云气之中。龙身中部镶嵌一颗绿松石珠，带扣背面衬黄铜片以加固牌面。

贾后被废

贾后杀了太子之后，西晋文武官员对她的憎恨达到了极点，晋惠帝永康元年（300）四月的一天晚上，梁王司马肜、赵王司马伦以为太子报仇为借口起兵，司马伦召集了禁卫军，宣称自己接到晋惠帝的诏书，要带领大军入宫废掉贾后。众将士也早已看不惯凶狠歹毒的贾后，异口同声地表示愿意跟随司马伦进宫。当天晚上，司马伦和孙秀带领大队士兵冲进了内宫，控制了宫内的所有要道。司马伦派出齐王司马冏去抓贾后。贾后看到司马冏带领兵马入宫，知道大事不好，就问司马冏说："你干什么来了？"司马冏回答："奉皇帝诏书抓你。"贾后也开始垂死挣扎，大声说："皇帝的诏书都是我发出的，这件事谁是主谋？"司马冏回答："这是赵王下的命令。"贾后悔

探索古文明 中国

恨不已,拍着地板说:"系狗当系颈,今反系其尾,何得不然!"那意思是说自己没看好司马伦,结果被他反咬了一口。

司马伦控制了大局之后,立刻诛杀贾氏三族,并把依附贾后的张华满门抄斩,被打入冷宫的贾南风也被司马伦派人毒死。志得意满的司马伦掌握了大权后,以晋惠帝的名义封自己为持节、都督中外诸军事、相国、侍中。司马伦一向以昏庸无能著称,只是依靠孙秀出谋划策,才有了那时的局面,所以那时实际上是寒门出身的孙秀在操控西晋的政局。

镇南将军印·西晋
镇南将军是中国古代将军称号中的一种,与镇东将军、镇西将军、镇北将军并称"四镇",属于高级武官。

诸王并起

眼看着朝廷大权落到了佞臣孙秀和无能的赵王司马伦手中,淮南王司马允心怀不满,就带领着自己收留的七百多名死士发动兵变,包围了司马伦的府邸。司马允手下的人都是久经沙场的战士,刚一交手就杀得司马伦溃不成军。眼看司马伦就要失败,司马允即将成为匡扶晋室的功臣,司马伦的手下、禁军将领伏胤假装送来晋惠帝的诏书,趁机砍下了司马允的脑袋。主将一死,司马允的手下也都作鸟兽散。逃得一死的司马伦和孙秀开始大肆捕杀同情司马允的大臣,前后共杀了几千人。

司马伦消灭了淮南王司马允的势力后,野心更大,他逼晋惠帝退位当了太上皇,而自己当了皇帝。司马伦一即位,就把他的手下,不论文官武将还是兵士,都封了大大小小的官职。那时候,官员的官帽上面都有用貂的尾巴做的装饰。由于司马伦封的官职实在太多太滥了,官库里收藏的貂尾不够用，只好找些狗尾巴来凑数。所以，民间就编了歌谣来讽刺他们，叫作"貂不足，狗尾续"。

赵王司马伦的篡位，引起了其他割据一方的宗王不满。齐王司马冏、成都王司马颖、河间王司马颙、长沙王司马乂、东海王司马越等先后起兵讨伐司马伦，这就是中国历史上著名的"八王之乱"。"八王之乱"前后延续了16年，到了公元306年，八王中的七个都死了，活到最后的东海王司马越，毒死了晋惠帝，另立惠帝的弟弟司马炽为晋怀帝。朝政大权落入司马越手中，"八王之乱"就此结束。"八王之乱"这场丑恶的纷争给人民带来了无穷的灾难，数十万人民丧失了生命，许多城市被洗劫和焚毁。最让人扼腕的是诸侯王纷纷利用少数民族武装参加这场混战，让中原成了匈奴族和鲜卑族横行的地域，西晋王朝也即将走到终点。

历史档案馆

永嘉之乱

永嘉二年（308），刘渊派刘聪、王弥率领大军进攻洛阳。刘聪击败了西晋平北将军曹武率领的大军，进抵洛阳，但被弘农太守垣延夜袭得手，部队损失惨重，刘聪被迫撤军。十一月，刘聪再次遭到晋军的奋勇抵抗，进军洛阳失败。

永嘉五年（311），刘聪派刘曜率领大军向洛阳发动最后的进攻。当时洛阳城内守军不过千人，城中缺粮，百姓只能易子而食，官员逃亡者十之八九。晋怀帝本想趁乱逃出洛阳，却被追兵发现，成了匈奴人的阶下囚。当时，刘曜带着残暴的匈奴士兵在洛阳城内烧杀抢掠，使洛阳成了人间地狱。史学界将这次发生在永嘉年间的事件称为"永嘉之乱"。

永嘉之乱后，晋怀帝作为"战利品"被带到了匈奴汉国的都城平阳。永嘉七年（313），刘聪毒死晋怀帝。

探索古文明 中国

王马共天下

东晋十六国 　公元 317 年

"王马共天下"这种局面的出现,是西晋"八王之乱"和"永嘉之乱"的结果,也是晋朝名门大族势力发展至超越皇权的产物。

司马睿称帝

建兴四年(316),继五年前攻陷西晋都城洛阳后,匈奴贵族刘曜又派兵包围长安,长安城断粮。十一月,晋愍帝司马邺出城投降,西晋灭亡。公元317年三月,西晋宗室、琅邪王司马睿在建康(今江苏南京)称晋王,改元建武,史称东晋。同年十二月,司马邺被杀。次年三月,愍帝被害的消息传到建康,司马睿为之服丧举哀。三天以后,司马睿继承晋统,即皇帝位。就在司马睿的登基仪式上,发生了千百年来罕见的一幕——晋元帝司马睿不但称呼和自己年龄相仿的王导为"仲父",还要请他和自己一起坐在皇帝的御座上。这是怎么回事呢?要弄清真相,还得从司马睿做琅邪王时说起。

知己至交

西晋开国后分封宗室,在今天的山东南部划出一块地方,建立了琅邪国,首任琅邪王就是司马睿的祖父司马伷。太熙元年(290),十五岁的司马睿接过从祖父、父亲那里传下来的大印,继任琅邪王。

琅邪国里有一个著名的家族——琅邪王氏,王家历代名人辈出,有不少高官显贵,是全国都数得上的名门大族。司马睿家虽然是地方上的皇室,也乐意跟王家结交，相互通婚。王导出身琅邪王氏，司马睿从小就和他相识，两个人交情不错。此外，司马睿跟王家其他人也很熟，司马睿曾经对王导的堂兄王敦说："我跟您以及茂弘（王导的字），可以称得上是管鲍之交了！"

吴人归心

西晋末年爆发的"八王之乱"最终以东海王司马越的胜利收场。永嘉元年（307），司马越派司马睿南渡长江，负责镇守建邺（建康的前称，后因避晋愍帝司马邺讳改"建邺"为"建康"，今江苏南京），王导等人为他的辅佐。此时的司马睿没什么名望，人们都不了解他；倒是王导，已经有了一定的政治阅历，本身又出身名门，才华气度不凡，名声在外。辅佐司马睿坐镇江东、稳定局势的大任也主要落在了王导身上。王导虽然跟司马睿同岁，但司马睿处处听他谋划，对王导十分依赖，就像他第二个父亲一样，因此司马睿称他为"仲父"。

司马睿作为一个没什么权势的地方军政长官，处境十分尴尬，南方人都不买这个外来户的账。《晋书》记载说，司马睿到了建邺，过了一个多月，竟然没有一个当地的士大夫来拜见他，弄得王导直发愁，可又不能带人到人家家里一个个捉来拜见。这时候，王导的堂兄王敦将军到了建邺，王导对他说："琅邪王虽然仁义道德修习得好，但是没有人气，大哥你呼兵唤将，应该帮他一把。"王敦点头说好。

转眼就是三月上巳节，司马睿带着部下出行，到河边去举行祭祀，祈求消邪去病。司马睿乘着肩舆，王导、王敦等名流带着一大帮人骑着高头大马，前呼后拥，举起鲜明的旗帜，带着雄武的仪仗，浩浩荡荡向城外开去。吴地的知名人士纪瞻、顾荣等本想来看司马睿是什么货色，一见这种场面，又惊又怕，心想：原来

> 王、谢两大氏族对东晋朝政的建立与发展有着至关重要的影响。

探索古文明 中国

洛神赋图（局部·宋摹本）·东晋·顾恺之

这幅流传千古的《洛神赋图》是东晋画家顾恺之根据三国时代文学家曹植的名篇《洛神赋》所绘，其中最感人的一段描绘了曹植与洛神相逢，但是洛神却无奈离去的情景。现在流传于世的《洛神赋图》有四件摹本，北京故宫博物院两件、辽宁省博物馆和美国弗利尔塞克勒美术馆各一件。

司马睿威风如此！他们赶紧从人群中挤出来，拜倒在路边，给司马睿行礼。纪、顾二人是吴地士大夫的首领，别人看到他们如此，也纷纷下拜。

东晋建立以后，王导担任宰相，王敦则掌握长江中上游的军队，形同割据，弟兄二人一内一外帮助元帝司马睿撑起了局面，王氏权势甚至还盖过了司马氏，所以当时人们才说："王与马，共天下。"

祖逖北伐

祖逖，字士稚，范阳郡（今河北涞水北）人，出身官僚世家。他的父亲祖武曾出任西晋的上谷太守。西晋爆发"八王之乱"之后，北方的五胡趁机进占中原，祖逖被迫和乡亲们一起南渡长江，逃到了司马睿的领地上。祖逖心怀故土，向司马睿提出北伐中原，收复河山。但司马睿畏惧北方骑兵的强悍，可又不想打击祖逖的自信，就任命祖逖为镇西将军、豫州刺史，但只给了他千人的军粮，让他北伐。

祖逖渡过长江之后，并没有急于出征，而是等待时机，用民族大义劝说可以团结的豪强，共同对付后赵。经过祖逖的努力，北伐部队占据的土地日

渐增多，军队也越来越强悍。在打退石勒的多次进攻之后，祖逖开始在自己的辖区内鼓励百姓从事农业生产。后赵也派人与祖逖进行互市贸易，河南地区的老百姓也跟着过了一段安稳的日子。

正在祖逖厉兵秣马准备消灭后赵的时候，东晋太兴四年（321），晋元帝任命戴渊为征西将军、都督兖豫幽冀并司六州诸军事，实为派戴渊来监视祖逖。心力交瘁的祖逖染上了重病，很快就在雍丘（今河南杞县）病逝。祖逖虽未能完成收复中原的梦想，但他是东晋少有的以收复国土为愿望的将领。之后东晋虽也发起数次北伐，但都是将领为了个人的权势和威望而进行的，再也没有祖逖的那份忠诚和豪壮。

淝水之战

晋孝武帝太元元年（376），氐族苻氏建立的前秦灭掉了河西的前凉政权和拓跋鲜卑建立的代国，基本统一了中国北方。想要统一中原的氐族皇帝苻坚，并没有打算就此住手，他把目光投向了千里之外的东晋朝廷。两年后，苻坚发兵进攻东晋，最终双方打了个平手。东晋太元八年（383），苻坚不顾众臣的进谏而发兵百万南下攻晋，在淝水东岸与晋军对阵。因为手握优势兵力，以为胜券在握的苻坚还是大意了，最终败给计高一筹的谢玄，百万大军死伤殆尽，自己也在逃跑的途中被部将姚苌杀死，曾经风光无限的前秦政权也随之瓦解。

探索古文明 中国

舍身事佛的梁武帝

南北朝

公元 502 年—公元 549 年

南朝梁武帝是个很矛盾的人物：若论他的文才和武功，在帝王中算是一流人物，但若说其晚年的糊涂政治，他又能跻身昏君之列。

在宋、齐、梁、陈四个王朝中，宋（420—479）是疆域最大、实力最强、统治年代最长的一个政权，历经四代八帝。齐（479—502）国祚短暂，虽只有二十三年，但由于争杀频繁，竟历三代七帝，平均每三年就要换一个皇帝，是中国历史上帝王更换极快的一个朝代。梁（502—557）历三代四帝，其中梁武帝萧衍在位时间最长，几近半个世纪。陈（557—589）首尾共三十三年，历三代五帝。陈承衰梁之弊，是一个版图狭窄、人口孤弱、力量单薄的王朝，加之统治者又极度腐败，最终丧于北方强敌之手。

梁武帝萧衍是在推翻远房亲戚萧道成建立的南齐后登上帝位的。他曾经在南齐担任军职，是个将才，和北魏军多次交手，声名远播。

事佛如痴

梁武帝早期勤于政事，使国力强盛，文史学术蓬勃发展，还是有一番作为的，但是他晚年沉迷佛道，成了一个虔诚的佛教徒。佛教影响皇帝，进而影响到整个国家和社会。

当时梁武帝希望能侍奉佛祖，于是大建寺院，并数次舍身皇家寺庙同泰寺，表示要出家当和尚。普通八年（527），他首次舍身同泰寺，四天后还宫。两年之后，他再次舍身，群臣花了重金才将他赎回。中大同元年（546），八十四岁的梁武帝下令重造十二层浮屠，劳民伤财。太清元年（547），他舍身的念头再次发作，在寺里待了一个多月，才被群臣又花重金赎回。梁武帝的事佛之心表露无遗，但总显得有些虚伪。

佛教要节制人的欲望，于是梁武帝不饮酒，不听音乐，甚至不到宗庙祭祀，跟苦行僧比起来也不逊色。梁武帝不但自己禁欲，也让后宫的嫔妃跟着过节俭的日子，贵妃以下，都身着短衣，裙子的后摆不能拖地。

历代帝王像之梁武帝像·清·姚文瀚

梁武帝萧衍是南北朝时期少有的多才多艺的皇帝，既是博览群书的学者，又能指挥军队作战，他的政治、军事才能在南朝诸帝中堪称翘楚，难怪史书称他"六艺备闲，棋登逸品，阴阳纬候，卜筮占决，并悉称善……草隶尺牍，骑射弓马，莫不奇妙"。

昏庸误国

皇帝提倡佛教，朝中的王公大臣闻风而动，他们也建造佛寺，有的干脆捐出自己的住宅作为佛寺，或者给佛寺大笔大笔地捐钱做功德。南朝的佛教到梁武帝时臻于鼎盛。梁朝境内如此多的佛寺和僧尼，占有大量的社会财富却不负担国家的赋役，社会重担自然转移到平民百姓头上。

梁武帝晚年判断力下降，接纳了东魏大将侯景的投降，不料侯景发动叛乱，于太清三年（549）三月攻进了建康。梁武帝在囚禁中死去，终年八十六岁。

探索古文明 中国

坚持改革的北魏孝文帝

公元 471 年—公元 499 年

孝文帝拓跋宏是北魏杰出的政治家,他的许多重要改革加速了北方各少数民族的封建化进程,为后来隋统一中国奠定了基础。同时孝文帝迁都洛阳之后大规模建造龙门石窟,为人类留下了一笔宝贵的文化遗产。

北魏是由鲜卑拓跋氏建立的封建王朝。公元398年十二月,拓跋珪称帝,改元天兴,建都平城(今山西大同),年号天兴。拓跋焘于始光元年(424)八月继位,他在位期间多次对柔然发动大规模进攻,最终解除了北魏的后顾之忧。与此同时,北魏政权相继吞并了北方其他少数民族政权,完成了北方地区的统一。

北魏孝文帝拓跋宏是献文帝拓跋弘的长子,出生于平城。当时北魏的朝廷大权全部把持在冯太后手中,拓跋宏出生后,冯太后就把大部分政务交还给献文帝,然后亲自抚养拓跋宏。皇兴五年(471),献文帝把皇位传给了年仅五岁的拓跋宏,是为孝文帝。太和十四年(490),冯太后去世,二十四岁的孝文帝开始独自决断北魏朝政。

迁都洛阳

孝文帝即位之后,就决心延续祖母冯太后的改革,继续推行汉化政策,而摆在他面前最大的问题是迁都。当时北魏的都城在平城,平城地理偏北,气候寒冷,暴雪风沙天气常见。再加上平城人口稀少,离中原地区偏远,不

第四章 动荡纷争四百年：三国·两晋·南北朝

利于北魏对富饶的中原地区的控制，孝文帝就打算迁都古城洛阳，把北魏的统治中心南移。

太和十七年（493），孝文帝召集了北魏的文武百官，假称要对南方的萧齐王朝发起进攻，实则计划在南征途中迁都洛阳，逼迫百官接受迁都的事实。在朝会上，孝文帝让掌管宗庙祭祀的太常卿王谌占卜，以测南征的吉凶，结果得到了"革卦"。在《周易》中"革卦"意指"汤、武革命，应乎天而顺于人"。孝文帝觉得这对迁都大业非常有利，就对大臣说："这卦不错呀，就这么定了，出兵征齐。"

同年八月，孝文帝拜祭了冯太后的陵墓，然后带着文武百官和三十万大军从平城出发，南征萧齐。当大军行至

彩绘陶骑马武士俑·北魏

在北朝的北魏、西魏、东魏、北齐墓中都有这种铠马骑俑的出现，它们真实地记录了少数民族内徙、汉化的进程和给中原带来的粗犷豪爽气息。

探索古文明 中国

> **孝文帝礼佛图（浮雕）·北魏**
>
> 浮雕高2米、宽4米，石灰岩材质，画面构图严谨，错落有致且和谐统一，以孝文帝为中心，形成前呼后拥的礼佛行进队列，形象地展示了北魏皇室贵族崇尚佛教、列队礼佛的恢宏场面，是北魏社会宗教生活的生动再现，更是佛教造像汉化的代表之作，是当之无愧的国宝。现藏于美国纽约大都会艺术博物馆。

洛阳的时候，正赶上天降大雨，道路泥泞，士兵困苦不堪。孝文帝向群臣表示要"顺天应时"，停止伐齐，并迁都洛阳。当时拓跋氏的王公贵胄们虽然不愿意迁都洛阳，可他们更怕打仗，也就只好同意了迁都洛阳的决定。

改风易俗

迁都洛阳后，大批鲜卑人拖家带口地来到了洛阳。可这些习惯了游牧生活的鲜卑人仍然穿着鲜卑人的传统服饰，说着鲜卑人的话，根本无法适应迁都后的生活。为了稳定局面，孝文帝在迁都后决定改革风俗，全面推行汉化政策。孝文帝下诏，规定鲜卑人和其他少数民族一律改穿汉人的衣服，文武百官也换穿汉族官吏的朝服。太和十九年（495），孝文帝又下诏禁止使用胡语，一律改说汉话；所有迁到洛阳的鲜卑人死后全部葬于此地，不得再迁回平城。于是，迁到洛阳居住的鲜卑人开始经营土地，向汉族人学习耕种技术，北魏政权下的鲜卑人和汉人开始在文化、生产和风俗上日益融合。

提拔门阀

太和二十年（496），雄心勃勃的孝文帝为了加快汉化过程，又下达了改汉姓的诏令，命令鲜卑人的王公贵族将鲜卑人复杂的姓氏改为单音的汉姓，皇族拓跋氏改姓为元氏。改汉姓令一下，鲜卑人不得不摒弃了原来艰涩难懂的部族姓氏，改为和汉人相同的姓氏。为了恢复魏晋时期的门阀制度，孝文帝特意在鲜卑贵族和汉族官吏中划分姓的高低。在规定姓氏高低的过程中，孝文帝以功劳的大小和官职的高低作为评判原则，把姓氏分为甲、乙、丙、丁四个级别，将各州的汉人姓氏分为四海大姓、郡姓、州姓、县姓，使中原的门第等级观念发生了巨大的变动。

平定叛乱

孝文帝阻力重重，但他很坚定。比如，孝文帝的儿子元恂因不习惯汉人生活而准备逃回平城，结果却被洛阳城中的禁军抓获。孝文帝闻讯大怒，杖责元恂并将其废为庶人，发配河阳无鼻城。就在元恂被废的同时，北魏的桓州（治所在今大同）刺史穆泰、定州刺史陆叡勾结驻守平城的鲜卑贵族，准备占据桓、定二州谋反。孝文帝派任城王元澄出兵，平定叛乱。

太和二十三年（499）三月，正率领北魏大军南征萧齐的孝文帝身染重病，被迫退军返回洛阳。孝文帝感觉自己时日不多，就命北海王元详、镇南将军王肃等六人共同辅政。四月，北魏孝文帝病逝，年仅三十三岁。太子恪即位，是为宣武帝。

公元534年，北魏孝武帝不愿受高欢的控制，逃出洛阳，投奔宇文泰。北魏分裂为东魏与西魏。公元550年，东魏权臣高洋废孝静帝，建北齐。公元556年，宇文护逼迫恭帝禅位于其侄宇文觉，建北周。北方又进入了分裂时期。

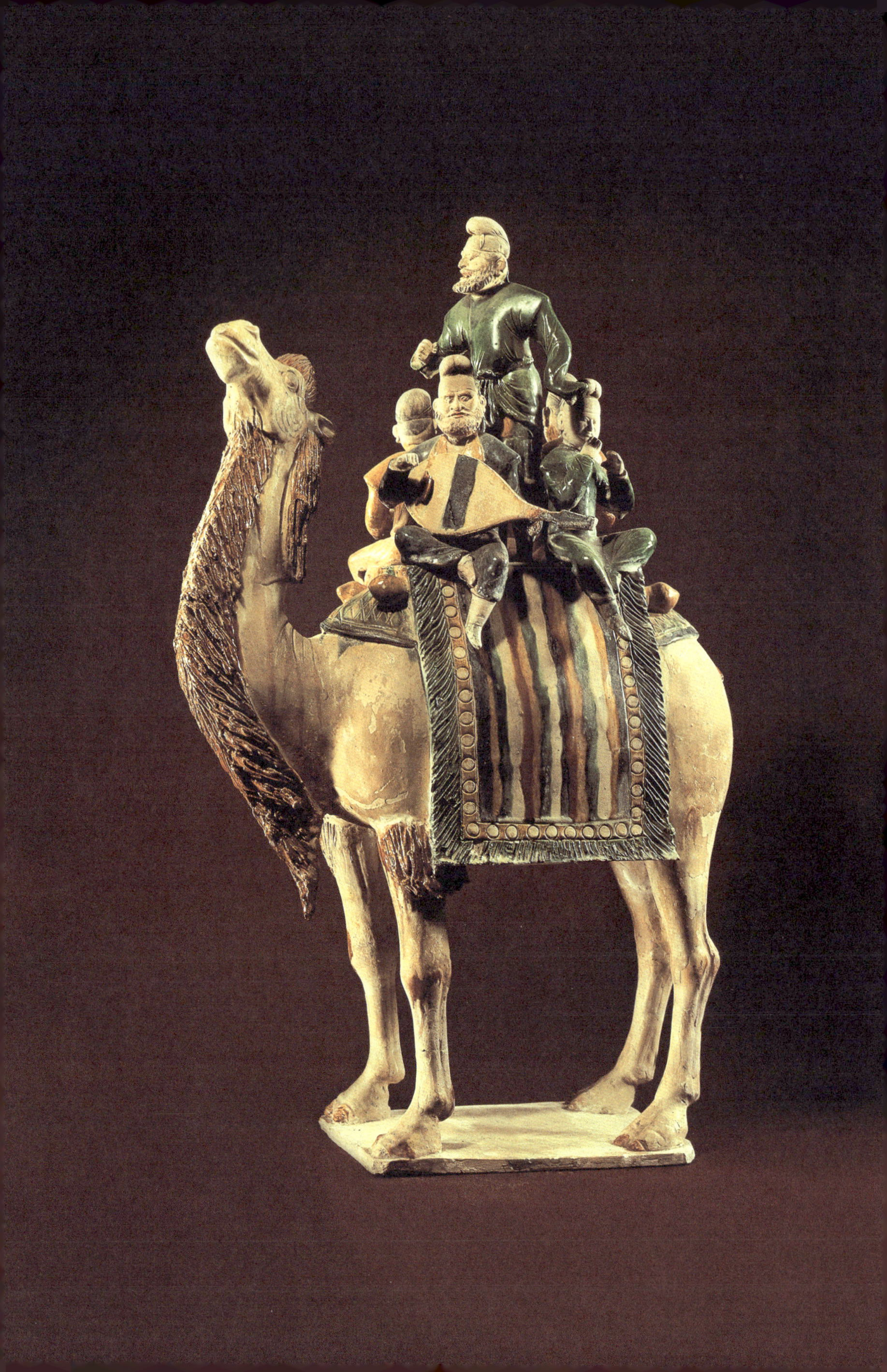

第五章

梦回千年的盛世华章：
隋·唐·五代

　　杨坚代北周而建隋，一举终结了华夏大地近四百年的纷乱局面，并实行一系列恢复经济、发展生产、巩固统一的措施，开创"开皇盛世"。然而这些却被隋炀帝拱手送给了唐政权，成为唐政权走向兴盛的基础。

　　从"贞观之治"到"开元盛世"，唐王朝的统治者缔造的这个空前绝后的盛世华梦，却被"渔阳鼙鼓"打破。曾经的盛世自此一步步走向没落，直到唐灭亡，步入"五代十国"时期，华夏大地仿佛陷入了"分久必合，合久必分"的历史魔咒。

昙花一现的隋朝　　　贞观之治　　　千古女皇

探索古文明 中国

昙花一现的隋朝
公元 581 年 - 公元 618 年

杨坚之所以能夺取北周政权、建立隋朝，和杨氏的士族地位有着直接的关系，这也正是士族门阀政治的一个缩影。杨坚统一南北朝，人们期待着又一个强盛的王朝出现，结果隋朝却像秦朝一样仅两代而亡。

名门之后

杨坚之父杨忠，其祖上是自汉以来的名门望族，或为将军，或为郡守。至北魏末年，因为追随宇文泰起兵并屡立战功，所以在宇文氏的北周王朝建立之后，杨忠即被赐姓普六茹氏，位至柱国（高级武勋官）、大司空，封隋国公。

得益于其父亲的言传身教，加之自己的刻苦努力，杨坚十四岁时即被当时的京兆尹薛善辟为功曹，此后年年擢升，十六岁时已经坐上骠骑大将军的高位。北周的另一位柱国、大将军独孤信看这名年轻人前程远大，就把十四岁的女儿许给了他，即后来的独孤皇后。

权倾天下

北周王朝的开创得到了以杨氏、独孤氏为首的士族门阀的支持，为了在政治上加强与这些开国功臣的联系，继承大统的周武帝宇文邕礼聘杨坚的长女为皇太子妃。杨氏由此得以日渐强大，也不可避免地卷入了相互倾轧的权力之争。但凭借皇亲国戚的身份，加上独孤氏族的鼎力相助，杨坚可谓仕途风顺。随着宇文邕亡故，其子宣帝宇文赟登基，杨坚得以一跃成为北周王朝的国丈而权倾天下；兼之小皇帝庸碌无为，在群臣中毫无威信，杨坚悄然开始了自己取而代之的行动。

禅让登基

大象二年（580），北周决意南征，杨坚的好友、深受宣帝信任的内史上大夫郑译按照二人事先商议的结果，上书推荐国丈杨坚为扬州总管，立即获得了批准。也恰恰是在这时候，宣帝暴病而亡，年仅八岁的静帝宇文阐即位。大权在握的杨坚随即将目标指向了阻碍自己篡夺皇位的北周宗室们。

经过一系列的权术手腕排除异己、掌控中央政权之后，杨坚再次假传诏书将北周在地方上极有权势的王爷们诓骗到都城，以谋反罪名诛杀。再以"打"和"拉"双管齐下的手段，使其他反对自己的将领望风归附。

大定元年（581）正月，杨坚仿效前人，采用禅让的方式，让人替周静帝写好退位诏书，禅位于自己，以自己的爵位为号创立隋朝，改元开皇。

先北后南的策略

杨坚素有统一天下的志向，但北方的突厥、南方的陈都是他统一的障碍。北方的突厥是一个古老的游牧民族政权，北齐与北周都对其广输金帛，甚至用嫁送公主的方式加以笼络。隋朝建立后，杨坚制定了先北后南的统一方针，他一方面不断派遣使者前往陈朝示好，

历代帝王图之隋文帝杨坚像·唐·阎立本

使陈后主麻痹大意；另一方面积极发展自身实力，改革兵制，并加强水军训练，为灭陈做好准备。

经过十余年的准备，杨坚利用突厥内部争夺汗位、相互残杀之机，对其分化瓦解，使突厥各部对隋先后称臣归附。之后，杨坚一面派兵骚扰陈境，同时加紧赶造战船，随时准备渡江。

一举灭陈

开皇八年（588），杨坚出兵攻陈。他册封晋王杨广为尚书令，同时任命晋王杨广、秦王杨俊、清河公杨素为行军元帅，指挥水陆军五十余万人，兵分八路大举攻陈。

开皇九年（589）正月初一，贺若弼、韩擒虎率领隋军主力趁建康周围的陈军正在欢度春节之际，分路渡江，大军会合后包围了建康城。陈军因春节酒会，大多仍处于梦乡之中，完全无力抵抗。正月二十二日，晋王杨广进入建康城，陈朝至此灭亡。

至此，杨坚结束了南北朝长期分裂的局面，完成了统一全国的大业。

好大喜功的隋炀帝

隋文帝去世后，晋王杨广即位，是为隋炀帝。杨广好大喜功这点是被后世所公认的，他大规模征发民工，修建南北大运河及长城，又兴建东都，穷极华丽，一年间每个月役使的民工多达两百万人。此外他还穷兵黩武，征调军

武士俑·隋

俑高63.3厘米，1953年出土于湖北省武汉市，武士俑挺胸直立，头戴缀有鳞形甲片的铁兜鍪。

队，三次出征高丽（今朝鲜半岛），耗费了大量钱财和兵力。这些都使得民众苦不堪言，农村中逃避劳役和兵役的人越来越多，流民遍地。大业七年（611）在山东爆发了王薄领导的农民起义，接着各地的农民起义风起云涌，隋朝已开始走向灭亡，而杨广还沉醉在那强盛大国的幻想之中，无法清醒过来。

江都喋血

大业十二年（616）七月，隋炀帝从洛阳乘龙舟，第三次巡游江都，临行时作诗留别宫人："我梦江都好，征辽亦偶然。"巡游江都的隋炀帝每日饮酒作乐，一日在萧皇后面前突然凝视着镜子说道："这么好的头颅，谁能斩了它？"此时的杨广已经隐隐预见到自己前途不妙。

到大业十三年（617），瓦岗军开始向洛阳进军。此时身在江都的杨广不敢再回洛阳，打算定都丹阳郡（今江苏南京）。

定都丹阳郡的消息很快传开，禁军多是关中人，他们思念故土，多有叛逃之意。禁军首领司马德戡联系众人拥立大臣宇文化及为首领，密谋造反。

大业十四年（618）三月三十日夜里，数万叛军聚众攻入宫门，直逼宫殿，将领裴虔通领兵追出西阁，擒获了易服而逃的隋炀帝。天明后，众人在城门迎接宇文化及，奉他为丞相，并逼迫杨广外出劳军。宇文化及见到杨广后，皱着眉头问："何需将此物弄出来？杀了算了。"裴虔通与司马德戡听后，将杨广带进寝殿，用丝巾将他缢死。宇文化及随后又下令杀尽江都的隋朝皇室成员，历史在这里重演了当年隋文帝残杀北周皇室的那一幕，一个王朝再次伴随着血雨腥风走向了灭亡。

> 虽然杨广的孙子杨侑即位称隋恭帝，以及越王杨侗自立为帝使隋朝名义上延续了两年，但史学家们普遍认为杨广的死标志着隋朝的覆灭。

贞观之治

唐 公元627年—公元649年

从贞观元年（627）李世民君临天下至二十三年（649）去世，史称贞观时期。太宗亲身经历了隋末的社会大动乱，他实行一系列的开明政策和利国利民的措施，使社会经济得到恢复和发展，从而形成了一个比较安定祥和的社会环境。这个时期是封建社会少有的治世，被后世誉为"贞观之治"。

李渊晋阳起兵

北周建立之初，有八名将军被封为柱国，以后这八个家族就合称为"八柱国家"。"八柱国"之一的李虎死后被追封为"唐国公"。李虎之子李昞娶隋文帝独孤皇后的妹妹为妻，生子李渊。因为与隋文帝的亲戚关系，李渊得以继承唐国公的爵位。

大业九年（613）六月，杨玄感起兵反隋，杨广任命李渊出兵讨伐，诏命关陇兵马都受李渊统领，李渊的势力就此开始逐渐膨胀。大业十三年（617）初，李渊调任太原留守，并于六月在太原祭旗起兵。大业十四年（618），李渊正式接受隋恭帝的禅位，建立唐朝，李渊即为唐高祖。

唐高祖李渊即位以后，以立嫡立长的原则，封长子李建成为太子、次子李世民为秦王、四子李元吉为齐王。而三个人当中，李世民功劳最大，声望也很高，李建成和李元吉自成一派，与李世民明争暗斗。太子党与秦王府的矛盾日益激化，双方都在等一个时机。武德九年（626），李建成、李元吉借突厥进兵之机，密谋调走秦王府兵将，以削弱李世民。

玄武门的杀戮

武德九年（626）六月初三的晚上，李世民进宫面见李渊，向李渊辩白李建成、李元吉陷害自己的事。第二天早上，李建成和李元吉上朝行至临湖殿，发觉周围的气氛有点反常，二人急忙拨转马头，这时，早就埋伏在这里的长孙无忌和尉迟敬德等人率兵冲出来，杀死了李建成、李元吉二人。

> 唐太宗即位后，吸取隋炀帝亡国的教训，推行一系列与民休息、发展经济的政策，为"贞观之治"奠定了良好的基础。

这时李渊正在湖里乘船游乐，听到外面人声嘈杂，正要派人出去查看，迎面碰到了全副武装带人闯入的尉迟敬德。尉迟敬德说："太子和齐王作乱，已经被秦王杀了。秦王怕有人谋害陛下，派臣前来护驾。"李渊愕然，宰相萧瑀立即劝说："李建成、李元吉本来没有什么功劳，二人妒忌秦王，施用奸计。现在秦王既然已经把他们消灭，这是好事。"李渊只好同意，下旨命令太子、齐王部下停止反抗，诸军归秦王节制。至此，李世民获得全面胜利。不久，李渊让位于李世民，历史进入了贞观年间。前朝杨广杀兄弑父、篡位登基，李世民和杨广走了相似的路，却开辟了完全不一样的历史局面。

安民抚农

太宗即位以后，吸取隋炀帝亡国的教训，与民休息，劝课农桑。"去奢省费，轻徭薄赋，选用廉吏，使民衣食有余"；太宗厉行节约，提倡俭朴，避免不必要的战争，缓和社会矛盾。

为了使百姓"衣食有余"，太宗特别重视农业生产。唐朝初年制定租庸调法，也就是农民交纳一定量的绢、布，便可代替徭役。这使农民有更多的时间从事农业生产。太宗特别注意不夺农时，即不误农事，他说："凡事皆须务本，国以人为本，人以衣食为本，凡营衣食，以不失时为本。"当太子的加冠典礼和农时发生冲突时，太宗恐妨农时，将冠礼改在农闲季节。太宗还用法律手段来落实不违农时的政策，对在农忙时节擅自征发徭役、耽误农时的官员依法论处。

由于太宗为恢复农业生产采取了一系列措施，再加上此后连年风调雨顺，唐朝出现了清平世界的景象。史书记载，当时"频致丰稔，米斗三四钱"，过往商人从京师到岭南，从山东至沧海，皆不用自带粮食，取给于路。可谓夜不闭户、路不拾遗。

任人唯贤

太宗认识到，治理国家靠自己一人是不行的，应当"广任贤良"，所谓"治安之本，唯在得人"。太宗要求臣下推荐人才，自己也留心观察、发现和提拔有用之才，推行"任人唯贤"的路线。太宗选拔人才，基本上做到不以个人恩怨好恶为标准，不以新旧亲疏为转移。他说："我选择做官的人，唯才是举。如果没有才能，再亲近的人也不能用；如果有才能，即使是仇人也不会放弃。"魏徵原是太子李建成的部下，曾劝李建成除掉李世民。玄武门之变后，李世民不计前嫌，重用魏徵。

太宗认为，所用之才不可求全责备，他说"使人如器"，即根据人才的情况来区别任用。太宗用人，也不以门第为限。他任用的宰相张亮"素寒贱"，马周"孤贫"，戴胄出身"门下录事"。太宗用人还不以华夷为隔，他任用的将领，如阿史那·社尔、执失思力等都是少数民族。同时，太宗也能做到用人不疑。他指出，君臣应"义均一体，宜协力同心，事有不妥，可极言无隐。倘君臣相疑，不能各尽肝膈，实为国之大害也"。

太宗还具有知人之明，对自己臣下的性格、能力了如指掌，因此他能做到人尽其才。太宗曾经对魏徵说："为官择人，不可造次。用一君子，则君子皆至；用一小人，则小人竞进矣。"正是由于太宗知人善任、任人唯贤，

第五章 梦回千年的盛世华章：隋·唐·五代

🍀 **唐太宗纳谏图·宋·徐仲和**

贞观年间才涌现出了一批具有治国才能的杰出人才。太宗靠这批人才尽心竭力的辅佐，使唐王朝出现了"贞观之治"的盛世局面。

从谏如流

太宗善于纳谏，他对侍臣说："朕冀凭直言鲠议，致天下太平。"太宗对于臣下的谏书，相当重视。他说："比有上书奏事，条数甚多，朕总粘之屋壁，出入观省。所以孜孜不倦者，欲尽臣下之情。每一思政理，或三更方寝。"魏徵和太宗的关系就是进谏和纳谏的典范。

在太宗的倡导下，进谏蔚然成风，不仅大臣进谏，连宫中的长孙皇后、徐贤妃也能进谏。为了集思广益，太宗把各种行之有效的政策制度化。他规定，三品以上官员入阁议事，要有谏官随同，有失便谏。贞观元年，太宗下诏"宰相入内平章国计，必使谏官随入，预闻政事"，参与讨论。太宗还规定，五品以上京官，要轮流到宫中值宿，以便皇帝召见，询问外间事务，了解民间疾苦，以及政事得失，使下情得以上达。

任人唯贤、从谏如流是太宗政治上取得成功的两个重要的主观原因。太宗之所以能成为封建帝王的典范，可以说，与他能够知人善任、兼听纳谏关系极大。

探索古文明 中国

千古女皇

公元 624 年—公元 705 年

从秦始皇统一六国到辛亥革命清宣统皇帝退位,上下两千余年,中国历史上前后总共出现了二百余位皇帝,其中有明君,也有昏君,有英明的雄主,也有残酷的暴君。但在这漫漫两千多年的帝王谱里,却有一名女性的名字赫然在列,她就是一代女皇武则天。

唐代是个相当开放的时代,妇女与男子有着近乎平等的地位。而正是在这样的社会风气烘托熏陶下,走出了一个名震天下、统治权力中枢近半个世纪并最终改唐易周的女皇帝武则天。

武则天的父亲是唐初功臣武士彟,出身陇右士族。武则天生长在唐初的新贵显宦之家,但在周围奢华的生活与显赫的权势下,庶出的武则天却饱受轻视与欺辱,这一切使幼时的武则天深刻认识到了权力的重要性。

应召入宫

贞观十年(636),长孙皇后病逝,唐太宗顿感人生凄楚,为了寻求慰藉,他下诏选女入宫,武则天也在入选之列。入宫前,母亲杨氏大哭着与女儿诀别,而武则天反而兴奋地说:"女儿此次进宫能够见到天子,怎知不是福气,母亲又何必哭泣呢?"

武则天进宫后被封为才人(嫔妃的一个等级),赐号"武媚",人称媚娘。但武则天在宫中却并不得宠,一直到唐太宗弥留之际她还只是才人。为

第五章 梦回千年的盛世华章：隋·唐·五代

了避免在太宗驾崩之后被送入寺庙出家为尼，她开始有意接近太子李治，二人之间建立了一层暧昧的关系。

贞观二十三年（649），一代英主、"天可汗"李世民驾崩，二十六岁的武则天同其他没有子女的嫔妃一起被送进了感业寺出家为尼。幸好已登基为帝的李治留恋武则天的美貌，没多久就接她进宫，封为昭仪。

宫中二圣

重新进宫的武则天充分发挥了她的聪明才智，依靠李义府、许敬宗等人的帮助，不择手段地打击支持王皇后的朝中重臣，如长孙无忌、褚遂良、来济等许多元老大臣都被以皇帝的名义赐死或流放。不管多少人反对，武则天终究成了李唐王朝的皇后。

❧ 武则天像·清

唐高宗李治患有风疾，晚年目不能视，无法正常处理朝政，每次上朝的时候，李治就与武则天并排坐在龙椅上，前面垂上一道帘子，隔着帘子听取下面百官所奏的各种政务，由武则天做出决断。当时各级官员上表，都将高宗和武后并称"二圣"。

武则天临朝听政后，正式提出了著名的"建言十二事"，主要内容包括劝农桑、轻赋敛、息兵戈而以德化天下、增官俸、量才取士、广开言路、杜绝谗言、禁免浮华淫巧和大兴土木等。这些措施有力地保证了大唐自"贞观之治"以来的既定国策得以继续，使唐王朝仍然保持着繁荣发展的局面。

千古女皇

弘道元年（683），高宗李治病逝，太子李显继位，是为中宗。李显懦弱

探索古文明 中国

无能，所有政务都交由武则天处理，自己则成了一个傀儡，仅两个月就被武则天废为庐陵王，另立四子李旦为帝，此时李唐王朝的一切权力都已经落到了武则天的手中。

对武则天的行为，时人多有不服，李唐的宗室诸王与开国勋戚之后也都纷纷起兵反武，最终都被武则天镇压。"初唐四杰"之一的骆宾王写的一篇《代李敬业讨武曌檄》为人千古传诵。

天授元年（690），武则天向天下万民宣布改唐易周，六十七岁的她终于登上皇位，成为大周朝开国皇帝。到神龙元年（705）武则天去世为止，她一共做了15年皇帝。

自周复唐

神龙元年（705）初，宰相张柬之与大臣敬晖、桓彦范等人组织羽林军发动政变，杀死擅权的张昌宗、张易之兄弟，逼迫武则天退位，拥立中宗李显复位。中宗尊武则天为"则天大圣皇帝"（"则天"之名即由此而来），复国号"唐"。同年十一月，武则天去世，享年八十二岁，与唐高宗李治合葬于乾陵，遵照她生前的叮嘱，死后改称"则天大

交河故城遗址

交河故城遗址位于新疆吐鲁番以西的亚尔乡，这里曾是西域三十六国之一的车师前国的都城，唐朝时唐驻西域的最高军政机构安西都护府最早就设在交河故城。女皇武则天曾出兵西域，恢复四镇，交河城市日趋繁华。现存的古城建筑全部由夯土版筑而成，形制、布局则与唐代长安城相仿，是世界上现存最大、最古老、保存完好的生土建筑城市，也是我国保存两千多年最完整的都市遗址。

圣皇后"，玄宗开元四年（716），追号"则天皇后"。

功过后人评

至此，历史的轨迹又回到了李唐王朝一边，武则天所创立的大周朝已是烟消云散，只留下乾陵墓前的无字碑任由后人评说。

称帝后的武则天推行了一系列的改革措施，这些措施不光有力地维护着武周政权，也为唐朝的中兴打下了坚实的基础。武则天不计门第，一律量才用人。为招揽人才，她改革完善了隋以来的科举制度，允许自举为官并设立员外官；她鼓励并接受不论事实的告密，即使失实也不追究，而一旦发现不称职者，轻则革免，重则杀戮，虽然在朝廷中弥漫着一股恐怖的气氛，却也有效防止了官员的贪污与腐败；她还首创殿试与武举制度，选拔出一批能臣干将，如狄仁杰、姚崇、张柬之等，都成为朝廷的重臣。

在内政方面，武则天重视农业生产，大力发展农业和手工业，抑制土地兼并，维护均田制，在她执政的年代，唐朝人口不断增加。她还组织编写了农书《兆人本业记》并在全国颁行。

唐朝时北方游牧民族常骚扰中原，武则天总结出了募兵、就地组织团兵等办法以解决困扰边境的兵源问题，她还大行屯田以确保兵粮充足。长寿元年（692），武则天利用吐蕃内乱，派大军进攻吐蕃，重建了安西四镇，又设置安西都护府，巩固边防，重新打通了通向中亚的商路，促进中外经济与文化交流。她大胆任用少数民族将领，促进各民族交流，巩固了国家政权。

当然武则天并非完人，在她掌权近半个世纪的漫长时间里也有很多过错，例如她重用酷吏、奖励告密者、刑讯逼供、滥杀无辜，使朝廷时刻处于一种恐怖的氛围之中。她晚年时好大喜功，生活奢靡。但她掌权期间顺应历史潮流大力改革，上承贞观之治，下启开元盛世，对唐朝中兴做出了巨大的贡献，而这一切就如她陵前那块无字碑一样，是非功过只能由历史去做出客观的评论。

盛世华梦唐玄宗

公元 712 年 – 公元 756 年

武则天之后，中宗和睿宗统治时间短暂，政局动荡多变，但李唐王朝的统治危而不坠，随即迎来了唐玄宗时期的开元盛世。但谁也没想到在此时，安禄山竟起兵造反，将唐王朝从巅峰盛世拉向了衰落的谷底。

　　唐玄宗李隆基经历过复杂的政治斗争，有处理危难政局的经验，他深知安定升平的政局来之不易，所以用人处事深思熟虑。为了巩固皇位、稳定政局，玄宗采取了限制朝臣与诸王交往、抑制功臣权势等措施，其中最先被罢官的是郭元振。先天二年（713）十月，玄宗驾幸骊山温泉宫，当时的兵部尚书郭元振正在此地连营五十余里，操练二十余万大军。玄宗检阅操练现场，以军容不整、督操忤旨之罪要斩郭元振于军前，后经百官求情才改为远谪新州（今广东新兴）。太子少保刘幽求、詹事钟绍京、侍郎王琚等人都被玄宗贬为外州刺史，有的放归田里，永不录用。

开元盛世

　　政局的安定为社会经济的发展创造了条件。玄宗注重兴修水利，发展农业生产，还下令招募社会流民耕种荒田，免征五年赋税，刺激农业生产的发展。由于玄宗采取了这些发展农业生产的措施，全国出现了"高山绝壑，耒耜亦满"的局面。为了解决谷贱伤农的问题并抵御天灾，玄宗又极力主张恢复常平仓、义仓制度。常平仓的设置，主要目的在于平抑粮价，防止丰年谷贱伤农和荒年谷贵伤民。义仓的设置，主要目的在于荒年救灾和青黄不接时向农民免息贷种。手工业方面，陶瓷、纺织、印染、造纸、印刷等各行各业较前代也有较大的发展和进步。随着农业和手工业的发展，商业也迅速发展。

社会财富的增加，使国力也空前强盛。高宗以后，吐蕃强大，成为唐朝西方边境的严重威胁。武则天时期，东突厥复兴于漠北，契丹崛起于东北，又造成唐朝北方形势的紧张，许多在贞观、永徽年间（627—655）归属唐朝的地区又脱离控制。玄宗加强邻接地区军队的管理，开垦屯田，大大充实了防务；又从东北到西北和南方设立了平卢、范阳、河东、朔方、陇右、河西、安西、北庭、剑南九个节度使和一个岭南五府经略使，以统一指挥戍守军事。开元五年（717），唐军收复陷于契丹二十一年的辽西十二州，于柳城（今辽宁朝阳）重置营州都督府；漠北的同罗、拔也古等部都重新归顺唐朝；西突厥与唐之间的战争也逐渐停止而代之以友好往来；唐在西域设置的安西四镇节度经略使阻止了吐蕃势力的北上；在陇右、河西设置的军镇，则巩固了河西走廊的安定，保证了中国和中亚、西亚的交通顺畅。当时唐朝的声威远达西亚，各国使者和商人往来不绝。

社会经济的繁荣也推动了文化事业的发展。盛唐诗歌最为后世称道，对中国文学的影响极为深远，著名诗人如高适、岑参、王维、孟浩然、李白和杜甫等，都是光耀千古的诗坛泰斗。大唐王朝迎来一个前所未有的盛世。

死里逃生

安禄山本姓康，名轧荦山，营州柳城（今辽宁朝阳）人。其父早逝，做女巫的母亲阿史德氏改嫁突厥番官安延偃，所以他也跟着改姓安，改名禄山。安禄山既善于处理各种纠纷，又敢于同当地的恶少争斗，以勇敢善斗闻名于幽州，后来投军于幽州节度使张守珪帐下。由于他为人狡诈，善于揣度人心，所以很受张守珪的青睐，甚至被张守珪收为义子，得到重用。

探索古文明 **中国**

> 杨贵妃上马图·元·钱选

开元二十四年（736）三月，担任平卢讨击使、左骁卫将军的安禄山由于军事失误犯了死罪，但张守珪爱惜人才，想饶他不死，就写了一纸呈文，派人将安禄山押往京师长安，交朝廷处置。玄宗看了呈文，却认为安禄山是可用之才，赦免他并让其带兵打仗，立功赎罪。

"只知有陛下"

安禄山回到幽州军营，通过贿赂各方面的人，不久就赢得朝廷一片赞誉之声。天宝元年（742），安禄山被任命为平卢节度使。

天宝六载（747），安禄山再次入朝谒见玄宗。玄宗指着一旁的太子，让安禄山上前参拜。安禄山却装糊涂地问玄宗："陛下，殿下是何官职？"玄宗以为他真不懂，笑着说："殿下就是皇太子，朕百年之后，当将帝位托付于他。"安禄山这才假意歉意地说："愚臣只知有陛下，不知有皇太子，真是罪该万死！"然后才拜太子。唐玄宗不明白安禄山的奸诈，反而称赞他诚朴

第五章 梦回千年的盛世华章：隋·唐·五代

赏赐安禄山铁券。天宝九载（750）五月，唐玄宗又赐封安禄山为东平郡王，开了唐王朝将帅封王的先河。

敲碎大唐梦

安禄山骗取了唐玄宗的信任，除了范阳、平卢两镇外，又兼了河东（治所在今山西太原）节度使，控制了北方边境的大部分地区。他秘密扩充兵力，提拔将领，囤积粮草，磨砺武器，准备起兵。

宰相李林甫去世后，杨贵妃的兄长杨国忠接任宰相。杨国忠上任后，几次进谏唐玄宗说安禄山要谋反，唐玄宗都不在意。天宝十四载（755）十一月，安禄山以"奉命讨伐杨国忠"为名发动叛乱，带领15万叛军南下。一路上烟尘滚滚，鼓声震地，敲碎了玄宗的安逸梦。

内心阴险奸诈，善于逢场作戏，这是安禄山能骗过唐玄宗的重要手段。但唐玄宗好大喜功，偏听偏信直接给予了安禄山有恃无恐的机会与信心，他一手将大唐盛世华梦打碎，造就了大唐王朝由盛转衰的可悲命运。

可爱，对他的忠心感到十分满意。

一次，唐玄宗命高力士设宴于勤政楼款待安禄山，召集诸杨及亲信大臣侍宴。当听到一片清新悦耳的奏乐时，安禄山忘乎所以，请求献胡旋舞一支，玄宗笑着说："你如此肥胖，也能跳胡旋舞吗？"安禄山挪动脚步，随着乐声跳起来，只见他腾挪旋转，活跃得如同走马灯一般，灵活自如。唐玄宗称赞之余，指着他的大肚皮问："你腹中装的是什么？如此庞大却又轻盈无比！"安禄山回答："一颗忠于陛下的赤心。"玄宗听后更是无比喜悦，当即令杨氏兄弟与安禄山结为异姓兄弟。

天宝七载（748）元月，唐玄宗

探索古文明 中国

满城尽带黄金甲

公元874年—公元884年

黄巢是唐末农民起义的领袖人物,由于他的人格魅力和过人胆识,最终取代王仙芝而成为这场大起义的总领袖。由他领导的这场大起义摧毁了腐朽的李唐王朝,从而推动了历史向前发展。

安史之乱让唐朝由盛转衰,黄河中下游地区的农业遭到严重破坏,各藩镇节度使拥兵自重,不听中央调遣。长达三十余年的牛李党争及冲突进一步使唐朝陷入混乱,统治者贪婪腐朽,土地兼并日益严重,百姓苦不堪言,各地起义相继爆发,其中影响最大的是由黄巢、王仙芝领导的大起义。

黄巢,曹州冤句(今山东曹县西北)人,出身于世代贩卖私盐的家庭,少读经书,能言善辩,又善于骑射,负气仗义。黄巢在长安应试期间,深刻洞悉到了唐王朝的腐朽黑暗,满怀激情地写了一首《不第后赋菊》:"待到秋来九月八,我花开后百花杀。冲天香阵透长安,满城尽带黄金甲。"这首诗表达了黄巢推翻唐朝腐朽统治的雄心壮志。

翻却曹州天下反

唐懿宗咸通末年,中原连年大旱,颗粒无收,民不聊生,官府不但不及时赈灾,反而催赋日紧。黄河下游开始流传"金色蛤蟆争努眼,翻却曹州天下反"的民谣,一场起义风暴即将到来。

唐僖宗乾符元年(874),濮州(今山东鄄城北)私盐贩王仙芝与尚君长兄弟聚众数千人,于长垣(今河南长垣县)揭竿而起。王仙芝自称天补平均大将军,传檄诸道,斥责唐朝吏治腐败、赋役繁重、赏罚不平等罪恶。黄巢与族中兄弟子侄及外甥林言等八人聚众数千人,在曹州响应王仙芝。各地饥民也争先加入起义军,数月之间,起义群众就达到了数万之多。

黄巢和王仙芝两支起义队伍会合之后,转战于黄河、淮河流域,声势日大。唐王朝见镇压无望,就以"左神策军押牙兼监察御史"的官职来诱降王仙芝,王仙芝一度为之动摇。怒不可遏的黄巢自率两千人马北上,与王仙芝分道扬镳。不久,王仙芝战死黄梅(今湖北黄冈),众将公推黄巢为主帅,号称"冲天大将军",建立了农民军政权。

飞天凤鸟纹镜·唐

由于唐王朝诸藩镇只顾自保,不反抗,起义军如入无人之境,直扑长安。消息传来,僖宗狼狈逃往成都避难。随后,黄巢大军进入长安,黄巢称帝,国号大齐,建元金统。但起义军并没有及时建制,而是忙于分官封爵,贪图享乐,这给了唐军反扑的机会。

中和二年(882)四月,唐朝宰相王铎统率大小十多路军发起反击,同年九月,义军同州(今陕西大荔)防御使朱温叛变,举州降唐,唐朝又召来沙陀族的雁门节度使李克用,合围之下,起义军节节败退,黄巢只好撤出长安。次年,起义军大将孟楷却被唐军袭杀于陈州(今河南淮阳)。黄巢为报孟楷被杀之仇,连攻陈州近三百天而不克,实力大损。之后屡屡败退,在狼虎谷(今山东莱芜西南)被叛将尚君长追及,自刎而死,唐末农民起义至此彻底失败。它推动了各地的农民斗争,沉重地打击了唐朝的腐朽统治,对后世的农民战争具有深远的影响。

探索古文明 中国

全忠不"全忠"

五代十国 公元852年—公元912年

朱温自投机黄巢起义起家，叛齐降唐，一跃而为宣武军节度使。在其后的军阀混战中，他立足汴州，施展合纵连横之术，远交近攻、步步为营，最终称霸中原。他虽被唐朝皇帝赐名"全忠"，却篡唐自立，成了后梁王朝的开国皇帝。

朱温原是砀山（今安徽砀山）乡下一个教书先生的儿子，从小不事劳动，唯以雄勇横行乡里。唐乾符四年（877），朱温与二哥朱存一起参加黄巢起义，后来逐渐升为大将。可是，当起义陷入低潮后，朱温却投降了唐朝，成了宣武节度使，唐僖宗亲自赐名"全忠"。

叛齐降唐

朱温像·清

朱温在黄巢军中因为骁勇善战，屡建奇功。中和二年（882），朱温被委任为同州（今陕西大荔）防御使，受命扼守大齐政权的东部边防，与唐朝的河中（今山西永济西）节度使王重荣夹河对峙。此时，朱温兵寡势单，连遭败绩，同时他跟黄巢的心腹左军使孟楷不和，得不到长安的救援。于是朱温决心叛齐降唐，他先杀监军使严实，与大将胡真等以同州全境降于王重荣。僖宗获悉后大喜过望，立即任命朱温为左金吾卫大将军，充河中行营副招讨使，并赐名全忠。

次年，唐朝为了激励朱温攻打黄巢，宣布封他为汴州（今河南开封）刺史、宣武军节度使，但要等到唐军收复长安后方能赴任。于是朱温加紧与各路唐军围攻长安。黄巢退出长安后，被李克用的沙陀军打败，部众溃散。黄巢手下的将领葛从周、霍存、谢彦章和张归厚、张归霸兄弟等人都投奔了汴州，朱温的羽翼自此丰满。接着朱温灭秦宗权，击退李克用，大破刘仁恭，成为当时最强的军阀势力。

称帝建梁

天复二年（902），与朱温关系密切的宰相崔胤想借朱温之手消灭宦官势力。于是朱温灭宦官，再杀宰相，毁掉长安城，强迫昭宗迁都洛阳。接着，朱温又杀害了昭宗，改立其子李柷，是为唐哀帝。天佑四年（907），朱温正式称帝，更名为朱晃，改元开平，国号为"梁"，史称后梁。他升汴州为开封府（今河南开封），建为东都，而以唐东都洛阳为西都。朱温又废十七岁的哀帝为济阴王，迁往曹州济阴（今山东曹县西北）囚禁。次年二月，将其杀害。

朱温死后，后梁的政局开始动荡。后梁龙德三年（923），沙陀军阀李存勖在魏州（今河北大名东北）称帝，改国号为"唐"，史称后唐。后唐同光三年（925），李存勖灭前蜀，后唐迎来了全盛时期。

后唐明宗李嗣源夺位。北陀军阀石敬瑭因辅佐有功，成为后唐在北方地区军权最重的将领。因受到后唐末帝李从珂的猜忌，石敬瑭在契丹的支持下于后唐清泰三年（936）决定发动叛乱，建立后晋。

后汉的建立者刘知远曾是石敬瑭的大将，早年对石敬瑭还有救命之恩。天福十二年（947）二月，刘知远在太原即皇帝位，不改晋国号，六月在洛阳改国号为"汉"，史称后汉。后汉乾祐三年（950），刘知远心腹大将郭威在邺都起兵，渡河南下，次年正式称帝，建立后周，改元广顺。

唐三彩

釉彩 陶瓷工艺 社会百态

唐三彩是盛行于唐代的铅釉陶器的总称，因为器物上有光亮的黄、绿、白或者黄、绿、蓝等多色釉彩而得名。其实几种釉色互相渗化，又产生许多新的颜色，再加上年代久远，有些颜色变化，所以原本呈现出来的颜色远远不止三种，而是绚烂多彩，富丽堂皇。唐三彩品种多，内容丰富，涵盖了当时社会生活的各个方面，被誉为唐代社会的"百科全书"。唐三彩还是唐代对外交往的历史见证。出土的唐三彩中有许多胡人俑以及活泼可爱的狮子俑，这些都直接反映了外国和中国的文化交流。唐三彩对后世的陶瓷发展影响很大，诸如波斯三彩、新罗三彩等，中国的辽、宋、明和清等朝代的陶瓷制作工艺也深受其影响。

三彩骆驼载乐俑

健壮的骆驼昂首直立，张口嘶鸣，驼背平台上七位手持各种乐器、身着汉服的乐俑盘膝而坐，一位女俑立于中央翩翩起舞。

三彩碗

三彩马及牵马俑

1930年河南洛阳出土，骏马造型雄健，剪鬃束尾，马具完备，马体三彩釉色鲜明，呈蓝绿色。牵马俑形象极为生动，面相深目高鼻，写实传神，反映出中外文化互动对唐代文化的深远影响。现藏于北京故宫博物院。

三彩珠纹盘

直径16.5厘米，盘敞口，浅腹，圈足，足内有三支钉痕，白胎，以褐绿彩为主施釉，釉彩在器表形成色彩斑斓的块状分布，状如彩珠，故名珠纹盘。

三彩酒卮

胎呈棕红色，形状像鸳鸯，背部有椭圆形开口，供盛物用。鸳鸯头部饰白釉，冠部施绿釉，颈和腹部施棕红色釉，两翼及尾部用红、黄、绿和白色釉装饰，形态逼真，色彩艳丽。

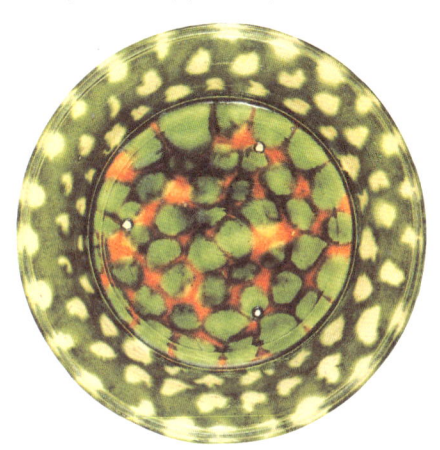

三彩西瓜

此器塑为一西瓜静放托盘状，褐色装饰托盘，黄绿装饰西瓜，形象生动，富有生活情趣。

三彩钵

直径17厘米，钵敛口，圆腹，平底。上半部施三彩釉，以黄、绿、蓝彩为主。

探索古文明 中国

问君能有几多愁

公元937年—公元978年

从本质上来说李煜是一个文人,而且是一位被后世千古传诵的一代词人,在书法、绘画和散文方面也具有相当的造诣,但是,他并不适合坐在皇帝的位子上,南唐最终因为他的庸碌而亡国。

公元907年后梁取代唐朝之后,各地出现了不少割据势力,他们或与中原朝廷相抗衡,或表示臣服,但实际上都是割据一方、保持独立、不受中原王朝控制的政权。这种形式的割据政权有前蜀、后蜀、吴、南唐、吴越、闽、楚、南汉、南平、北汉共十个,称为十国,与中原地区的五个割据政权并称"五代十国"。十国政权中,除了北汉在北方之外,其余势力均在南方地区。

继位为君

李煜,字重光,是南唐中主李璟的第六个儿子,人们在历史上一般称他为李后主。南唐政权控制着今天安徽、江苏、江西、湖南等几个省份的大部分地区。李煜从小不仅文章出众,而且擅长书法和绘画,再加上他为人和善,所以备受大家喜爱。

第五章 梦回千年的盛世华章：隋·唐·五代

李璟与自己的儿子一样，才华主要体现在填词之上。在李璟统治时期，南唐迫于后周的强大压力，最终割让了长江以北的全部领土。北宋建立后，李璟又准备将都城迁到南昌，以躲避强敌的锋芒。不久李璟病逝，年仅二十五岁的李煜接手了父亲留下的烂摊子。

苟安一隅

李煜被誉为五代最有成就的词人，但他是中国历史上极不称职的皇帝之一，自他即位开始，南唐只能年年向宋朝称臣纳贡，苟安于一隅之地。欧阳修在《新五代史》中对李煜批评道："性骄侈，好声色，又喜浮屠，为高

韩熙载夜宴图（局部）·五代·顾闳中

《韩熙载夜宴图》生动地描绘了韩熙载为避免南唐后主李煜的猜疑，与宾客纵情嬉游的场景，成功地刻画了韩熙载的复杂心境。现藏于北京故宫博物院。

谈，不恤政事。"

李煜笃信佛教，成为皇帝后，他就用宫中的钱招募闲人出家为僧，一时金陵的僧人有数万之众。面对来自北方的威胁，南唐将领林仁肇曾上书李煜，称自己愿意领兵北上收复失地。为避免军事行动失败后遭遇北宋的报复，林仁肇还为自己的君主想好了开脱的理由：当他起兵的时候，后主就向外发消息说林仁肇叛变，假如北伐胜利，那么得利的自然是南唐；如果战争失败，那么后主可以杀掉林仁肇全家来推卸责任。可是这样一份处处为南唐着想的建议却不可思议地被李煜拒绝了。

囚房生活

北宋开宝四年（971），北宋消灭了割据岭南的南汉政权后，南唐已经在北、西、南三面为北宋包围，东方的吴越又是北宋的属国。为了延缓南唐的灭亡，李煜向北宋进贡巨额财宝，又自我贬损，将南唐诸王降为国公，朝廷机构也都改变名号。这些举动当然不能阻止宋军的进攻，开宝七

> 李煜被誉为五代最有成就的词人，但他也是中国历史上最不称职的皇帝之一。

年（974），宋太祖派遣大军攻灭南唐，李煜被押到汴京，开始了自己的囚房生活。

在这期间，李煜创作了大量哀怨忧伤的词，这些作品代表了他艺术生涯的最高成就。李煜的词在被俘以前题材比较陈旧，受晚唐五代词人影响很深，有些作品并非出自切身体验，略显做作。而被俘后的作品则发自内心，写的是从未有人写过的作为亡国君主的故国之思，词中流露的又是追昔年华、感慨人事变迁、哀叹命运等容易引起共鸣的情绪，因此艺术感染力大大增强；李煜又采用了此前词人绝少运用的白描手法，以清新的语言描述情怀，形成了自己的独特风格。太平兴国三年（978），李煜被宋太宗毒杀，一位绝代词人就这样命归黄泉。

柴荣北伐

公元 954 年—公元 959 年

后周世宗柴荣是五代十国时期难得英明的君主，堪称照耀黑暗时代的一颗璀璨明星。他革新政治，改造军队，发展生产，惩治腐败。在北伐战争中，柴荣亲自指挥收复三州三关，为五代以来对辽作战所取得的最大胜利。后周也成为最有希望完成统一大业的王朝，它为日后北宋统一南北奠定了坚实的基础。

励精图治

柴荣即位之初，就定下了三十年的规划："以十年开拓天下，十年养百姓，十年致太平。"柴荣在位虽然只有五年，但他的成绩已经相当可观了。为了进行统一战争，他在政治、经济、军事诸方面进行了一系列的改革。

在经济方面，柴荣关心民间疾苦，采取许多恢复和发展经济的措施。后周鼓励开荒，将中原无主荒地分配给逃亡人户耕种，优待从契丹返回的逃户，促使逃户及早回归和对荒弃庄田的开垦利用，有利于农村经济的恢复和发展。

在军事方面，柴荣整顿军队纪律，治理了骄兵悍将，坚决处斩了临阵脱逃的大将樊爱能、何徽等七十余人，严肃了军纪。柴荣还提出"兵务精不务多"的原则，整顿禁军，淘汰弱羸，革除了唐朝后期以来豢养冗兵之弊。

在政治方面，柴荣继承了养父郭威节约简朴的作风，率先垂范。柴荣打破常规，破格任用有才干的人，充实政府主要部门。柴荣又命人整顿了弊病较多的科举制度，以使有真才实学的人能进入政府机构发挥作用。

探索古文明 中国

南征北战

柴荣登基后不久，北汉国主刘崇效仿石敬瑭，乞师契丹联合灭周。辽穆宗派大将杨衮与刘崇合兵十万，南下进攻后周。契丹与北汉联军进至太平驿（今山西屯留东北），突破后周昭义节度使李筠部阻截，后乘胜进逼潞州（今山西长治）。

柴荣不畏强敌，亲自领兵出征。两军相遇，对阵于巴公原（今山西晋城东北）。双方刚一交战，后周大将樊爱能、何徽引骑先遁，后周右军阵溃，步卒千余人解甲降北汉。柴荣力挽危局，亲冒矢石率兵陷阵，后周大将张永德、赵匡胤、白重赞等亦率部奋击，诸将合力拼杀，斩杀北汉骁将张元徽。辽军溃散，北汉军也随之奔逃，刘崇仅率百余骑逃归晋阳。

随后，柴荣采纳比部郎中王朴"先易后难、先南后北、各个击破"的献策，确定先攻后蜀，再征南

> 岁月果然是把刀，销毁了我威武的外貌。

沧州铁狮子·五代·后周

后周广顺三年（953），山东匠人李云铸成著名的沧州铁狮子。铁狮子在今河北沧州东南20千米的开元寺内，神态威武，为寺内文殊菩萨的坐骑。铁狮子的铸成，体现了中国制造大型铸铁件技术的提高。

唐，最后灭亡北汉的统一方略。显德二年（955），后周西征后蜀。在黄花谷（今陕西凤县西北）之役中，后周军大败北路行营都统李廷珪所率后蜀军主力，收复了秦（今甘肃天水）、成（今甘肃成县）、阶（今甘肃武都）、凤（今陕西凤县）四州。显德二年到五年，柴荣三次亲征南唐，以围点打援之策，消耗南唐军；继而新建水军，水陆并进，尽歼南唐淮上水军，直抵长江，夺取了长江以北淮南十四州、六十县，逼迫南唐中主划江为境。此役不但使南唐俯首就范，而且震慑了南方各割据势力，为北伐契丹扫除了后顾之忧。

> 后周世宗柴荣是五代十国时期最英明的君主，堪称照耀黑暗时代的一颗璀璨明星。

北伐契丹

随着对后汉、后蜀和南唐战争的胜利，后周王朝的版图日益扩大，经济也日益繁荣。而契丹正值昏庸无能的辽穆宗耶律璟执政，此人号称"睡王"，其昏聩可见一斑。柴荣在看准了契丹的弱点后，决心提前进行北伐。

显德六年（959）二月，柴荣正式率军北伐。辽穆宗耶律璟听到后周北伐的消息，急忙派南京（今北京）留守萧思温为兵马都总管，率军阻截后周军，结果被杀得大败。从此，辽军畏战避战，任由后周扫荡燕南州县。接着，后周军经独流口（今天津静海北），转兵逆流西进，至益津关（今河北霸州），守将终廷晖投降。不久，辽鄚州刺史刘楚信、瀛州刺史高彦晖也先后望风归降。就在柴荣准备乘势直取幽州（今北京）之时，突然身染重病，只得匆匆南归。

这年六月十九日，后周世宗柴荣带着他的抱负，带着他的遗憾，在开封去世，享年三十九岁。

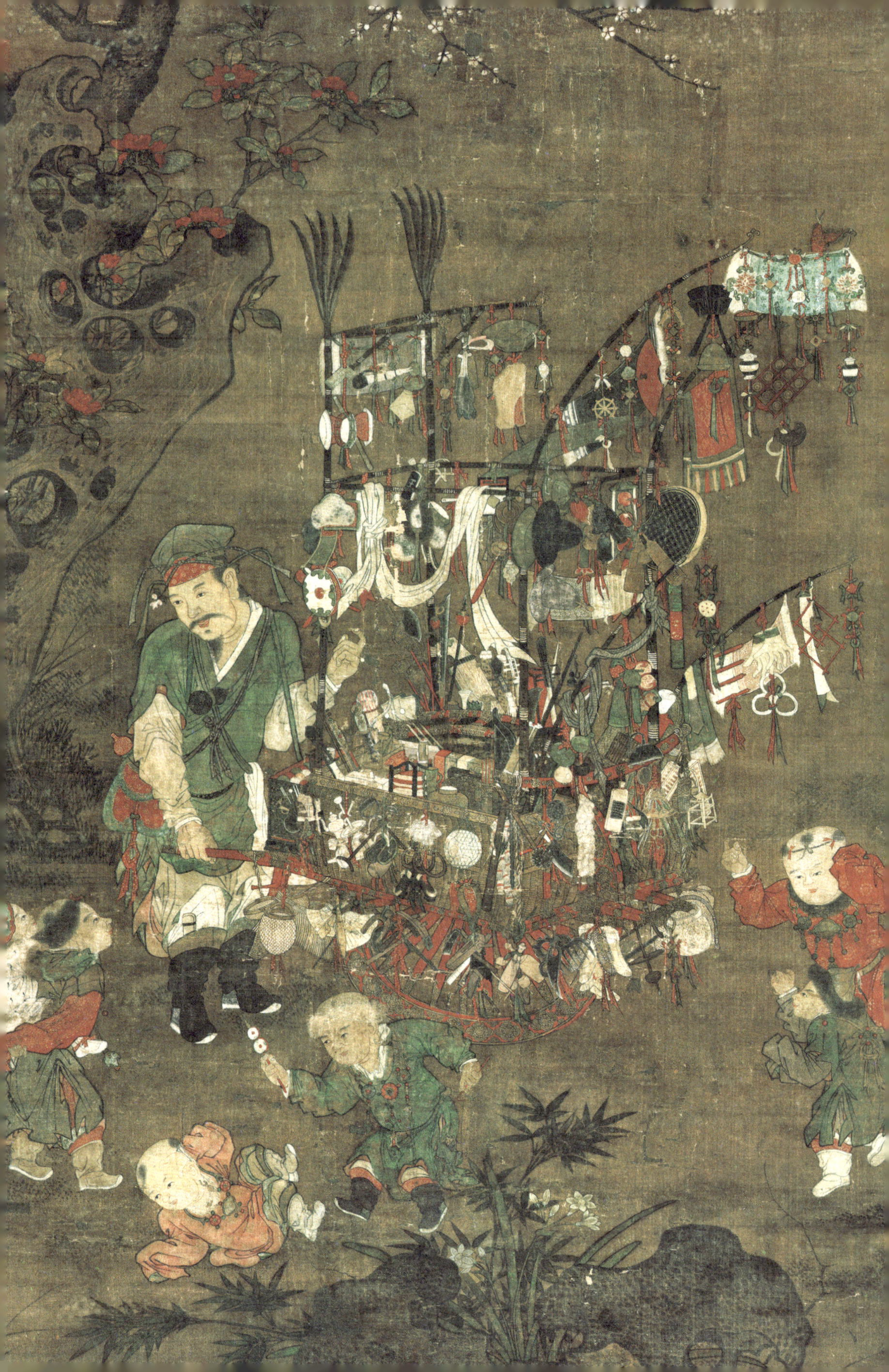

第六章

昌文偃武的时代：宋

北宋在经济制度上的革新，激发了广大农民的生产积极性，随之而来的是人口数量的爆发式增长、铁制工具的进步、耕作技术的提高等。农业经济的稳定发展促进了手工业和商业的发展，造就了宋代科技、文化的空前繁荣，指南针、印刷术和火药三大发明为世界所瞩目。

然而，再辉煌的盛世也怕政治的腐朽和统治者的昏聩，北宋亡于政治的腐朽，南宋亡于统治者的昏聩，稍有稳定便贪图享乐、不思进取、消极防御，最终逃不过国破身死的厄运。

赵宋王朝的诞生　　靖康之耻　　撼山易，撼岳家军难

探索古文明 中国

赵宋王朝的诞生

北宋

公元 960 年

> 事先进行周密的筹划，抓住机遇，当机立断，忙而不乱，一举奠定形势，是赵匡胤陈桥驿兵变成功的主要原因。

历史的选择

"千秋疑案陈桥驿，一着黄袍遂罢兵。"清代诗人查慎行的这首《咏史》诗中说的"千秋疑案"的发生地陈桥驿，在开封城东北。后周显德七年（960），后周禁军统帅、殿前都点检赵匡胤在此黄袍加身，建立了大宋王朝，中国历史在一个小小的驿站被彻底改写。一个经济繁荣、科技文化高度发展的封建王朝于此开始。

从安史之乱到陈桥驿兵变的205年时间里，藩镇割据，战乱不止，生灵涂炭，国家统一、发展生产、安居乐业，已成了人心所向、众望所归。

后周世宗柴荣犹如一颗划破漫漫夜空的流星，他即位后进行了政治、军事、经济等各方面的改革。经济的恢复发展，使得北方的政治局面趋向稳定，为统一创造了有利条件。他南取淮南，北伐幽燕，就在一个看似蒸蒸日上的伟大时代即将开始的时候，这颗光照黑暗年代的流星陨落了。显德六年（959），其子柴宗训即位，年仅七岁。这样一个年幼无知的皇帝是无法继续完成统一大业的。历史的指针再次发生了偏移。

手握禁军兵权的赵匡胤，便当仁不让地站到了历史的风口浪尖上，他要用自己的方式改写历史。

黄袍加身陈桥驿

显德七年（960）正月初，后周朝廷再次接到了来自镇、定二州（今河北正定和定州）边防急报：契丹和北汉合兵南下，意图中原。宰相范质、王溥和枢密使魏仁浦未加核实，便急匆匆地决定派赵匡胤率殿前司军北上抵御。他们不知道，所谓辽军南侵的消息不过是赵匡胤集团制造的谣言，作为实现改朝换代阴谋的一个步骤。与这个谣言一起满天飞的，还有"点检作天子"的说法，孤儿寡母，主少国疑，政出多门，再加上"点检作天子"的"神符"，怎么能不引发"身承天命"的都点检改朝换代的野心呢？就在初一的晚上，赵匡胤率军出征前到同平章事、侍卫亲军马步军副都指挥、在京巡检韩通家辞行，韩通之子韩徽恳请父亲趁机除掉赵匡胤，以绝后患，却被韩通制止，后周王朝失去了最后一次机会。

陈桥驿

陈桥驿位于今河南省新乡市封丘县东南部。陈桥始建于五代时期，后周时设立驿站，又称陈桥驿。

探索古文明 中国

三彩舍利塔·北宋

此件舍利塔出土于河南密县法海寺北宋塔基地宫。塔高七层，在第二层塔身前壁设匾牌，上刻铭"咸平二年四月二十日施主仇训"。舍利塔造型秀丽、比例匀称、釉彩鲜艳，系北宋佛教艺术精品。

正月初三早晨，大军出开封爱景门向北进发。军中号称知晓天文的小校苗训，宣称看到"日下复有一日"，指称这是天命授受的预兆。晚上，大军屯驻陈桥驿（今河南封丘东南陈桥镇）。赵匡胤的亲近将校聚集谋划，大家说："当今天子年幼无知，我们拼死拼活作战，有谁知道我们的功劳？倒不如现在就拥护点检做皇帝，然后北征也不晚。"赵匡胤的弟弟赵匡义和亲信谋士赵普假意出来劝阻，一面叮嘱大家一定要安定军心，不要造成混乱；一面却连夜派人驰返京城，让留守的大将石守信、王审琦做好内应，伺机待变。第二天天刚亮，部分将士便顶盔贯甲、手握兵刃，直奔屋内。赵匡义连忙叫醒喝醉了的哥哥，将士振臂高呼："大军无主，愿立点检为天子！"没等赵匡胤答复，有人已经把早已准备好的黄袍披在他身上。大家跪拜磕头，山呼万岁，并将他扶上马，请他回京主持大局。赵匡胤还装出一副被迫的样子说："你们自己贪图富贵，想要立我为天子。如果能够听从我的命令，我就答应你们的要求；

不然，我不能做你们的天子。"拥立者一齐表示唯点检之命是听。赵匡胤在马上当众高声宣布："回京城之后，你们要保护好周朝的太后和幼主，不许凌辱朝廷大臣，不许抢掠国家仓库。执行命令的将来必有重赏，否则就要严惩不贷！"

点检作天子

随后，大军回转，自开封仁和门入城。由于有石守信、王审琦的配合，没有受到任何阻拦，受到将令节制的大军亦秋毫无犯，解甲归营，京城的秩序很快安定下来。

这时，正值早朝，后周幼主和文臣们听说兵变的消息，顿时手足无措。范质抓着王溥的手，长叹道："仓促遣将，我们的罪过呀！"此时，稍微清醒的只有韩通，他企图回家组织部下抵抗，行至中途，便为赵匡胤的部将王彦升发觉。王彦升追到韩府，将韩通父子一并斩杀。

赵匡胤回到都点检公署不久，范质、王溥便被将士们拥至。赵匡胤见了他们，呜咽流涕道："我受世宗厚恩。现在我被将士逼成这个样子，你们说怎么办？"刀架在脖子上，两位文人宰相当然不知道该怎么办。持剑怒目而视的军校罗彦瓌不失时机地厉声喝道："我辈无主，今日须得天子！"王溥吓得立刻下拜，范质没办法也只好随后跪下，口呼万岁。在军人的刀锋之下，顾命大臣改换门庭，孤儿寡母所能做的只剩下拱手让出江山了。

赵匡胤等迅即来到崇元殿举行禅让礼，赵匡胤的党羽、翰林学士承旨陶榖立即拿出后周皇帝的退位制书当众宣读。赵匡胤在殿下拜受后登殿即皇帝位。初五下诏，建国号宋，

> 从安史之乱到陈桥驿兵变的205年时间里，藩镇割据，战乱不止，生灵涂炭，国家统一、发展生产、安居乐业，已成了人心所向、众望所归。

探索古文明 中国

雪夜访普图·明·刘俊

此图根据《宋史·赵普传》记载的宋太祖赵匡胤雪夜访宰相赵普的历史故事绘成，勾勒出了门庭宽敞、屋宇数重的豪门大宅内，赵匡胤、赵普两人围炉而坐，商议国家大事的仪态和心境。现藏于北京故宫博物院。

改后周显德七年（960）为大宋建隆元年，定都开封（也称汴梁、汴京或东京），宋王朝正式建立。赵匡胤死后被尊谥为太祖皇帝。

在开封安定数日后，宋太祖赵匡胤还赠予殉周的忠臣韩通中书令的官职，以礼厚葬，嘉奖其"临难不苟"的精神。对于王彦升则怒其擅杀，终生不授其节钺以示惩罚。这无疑也是在告诉新朝的群臣要效法忠贞、讲求气节。

陈桥驿兵变是中原由乱到治，由分裂走上统一的一个转折点，安史之乱后长达205年的军阀混战至此终结。人民得以休养生息，经济得以迅速发展。陈寅恪先生评论宋朝"华夏民族之文化，历数千载之演进，造极于赵宋之世"。这个辉煌的时代，就是以陈桥驿的黄袍加身而开始的。

第六章 昌文偃武的时代：宋

澶渊之盟

公元 1004 年

澶渊之盟是宋真宗在己方有利的军事条件下屈辱求和的产物。对宋而言，这份丧权辱国的和约不但大大加重了北宋人民的负担，还助长了辽国勒索的气焰，使北宋国威扫地。对辽而言，则是在不利的军事环境中争得了巨大的利益。当然，澶渊之盟也让宋、辽之间维持了百年的和平，促进了经贸的往来和民族的融合。

无险可守的宋朝

赵匡胤篡位成功之后建立了北宋，凭借着后周建立起来的雄厚国力，开始了他统一天下的步伐。但赵匡胤对于当时北方强大的辽国非常忌惮，搞了一个先南后北的统一战略，企图统一南方以后再进攻辽国和它的附庸北汉。当时的辽国国主耶律璟是一个少有的昏君，在历史上有"睡王"的称号，他当政的时候是辽国的力量最为衰弱的时期，因此后周世宗大胆北伐，顷刻之间夺得三关等燕南的全部土地，辽国畏惧后周，将守卫幽州的辽兵后撤，眼见幽州指日可下，可惜

料敌塔·北宋

料敌塔在今河北定州市南门内东侧。宋真宗咸平四年（1001）诏建此塔，于仁宗至和二年（1055）建成。因定州在宋时与辽接邻，为军事要地，所以此塔成为料敌塔，为瞭望监视敌情之用，是我国现存最高的古塔。

后周世宗突发疾病，不得不撤军，以至功败垂成。

赵匡胤白白断送了大好时机，等北宋南征结束后，辽国的统治者早已换成了巾帼不让须眉的一代女杰萧太后，此时的辽国经过萧太后十年的休养生息国力早已恢复，实力强劲。赵匡胤死后，他的弟弟赵光义（原赵匡义，太祖改赐光义）继位，这时北宋已经统一了南方，开始谋划北伐。可是北伐的大好时机已经丧失，三次北伐只落得丢盔弃甲狼狈而逃的结局。从此宋朝畏辽如虎，再不敢轻言北伐。而不收复燕云十六州，宋朝就失掉了北方长城的掩护，整个华北平原暴露在游牧民族的铁蹄之下，无险可守。

辽兵南下

宋太宗死后，太子赵恒即位，是为宋真宗。当年宋太宗趁着辽国萧太后当政的时候北伐，企图"欺负"人家孤儿寡母。现在辽国也如法炮制，宋太宗刚刚去世，辽国就频频发兵入侵。经过多次试探性的战斗后，辽国于宋景德元年、辽统和二十二年（1004）闰九月，由辽承天后（萧太后）、圣宗亲领大兵南下，号称二十万大军，经保、定二州，直取澶州（今河南濮阳），威胁东京。

辽军大举攻宋，震动了宋廷。宋真宗也在边臣不断的告急声中感到形势严峻，遂诏令调兵遣将，加强战备。为此，宋真宗还准备"亲征决胜"，召集群臣为其亲征出谋划策。但是除了寇准和少数主战派大臣，其他重臣都不同意皇帝立刻去前线，而真宗也并没有下定亲征的决心，因此亲征一事就耽搁了下来。

果断的决策

景德元年（1004）闰九月十二日，辽圣宗与萧太后进驻固安（今属河北），任命南京统军使、兰陵郡王萧挞凛、奚部大王萧观音奴为先锋，向

第六章 昌文偃武的时代：宋

宋境发起了进攻。十五日，辽分兵攻略威虏军、顺安军（今河北高阳东的旧高阳城），打败了顺安的宋军。十六日，辽军再攻威虏军，又打败了宋军。然后，转兵西攻北平寨，被宋守将田敏率部击退；再东趋保州，攻城亦不克。于是辽先锋将领遂与圣宗、萧太后会兵于望都（今属河北），准备继续南进。

面对辽军大举进攻，宋真宗再次召集辅臣讨论亲征之事。然而此时的朝廷大臣们却大多畏惧辽军，更有人为了一己之利鼓动宋真宗迁都。如参知政事王钦若为江南人，他曾密请真宗迁都金陵（今江苏南京），签枢密院事陈尧叟为蜀人，他也曾提请迁都成都。名为迁都，实则是趁国家危难之时给自己捞取政治上的利益，这样的建议自然为寇准所反对，宋真宗只好停止了迁都之议，决意亲征，以振奋军心、鼓舞士气，后来的历史发展也充分地证明了这一决策的正确性。

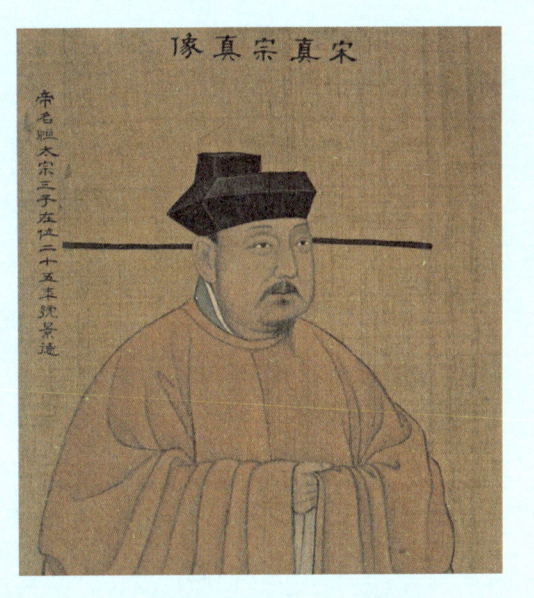

🍀 **历代帝王像之宋真宗像·清·姚文瀚**

澶渊之盟后，为了粉饰太平，宋真宗进行了封禅泰山等一系列的祭祀活动，还耗费七年时间和大量财富修建了玉清昭应宫，以存放所谓的"天书"，给百姓带来了极大的负担。

真宗亲征

景德元年（1004）十一月二十日，辽将萧巴雅尔、萧观音奴率渤海兵攻陷了德清（今河北清丰西北）。两日后，辽圣宗与萧太后率主力进抵澶州城之北。辽军主力到达澶州城外后，立即从东、北、西三面将澶州围住。宋澶州守将李继隆等紧急埋伏劲弩，控扼要害，组织守城防御；辽军亦做攻城准备。就在这时，辽统军使萧挞凛恃其勇敢，在率轻骑观察地形时，被宋掌床子弩的威虎军头张环从暗处发弩射中。床子弩的箭头正射中萧挞凛的额头，萧挞凛立即从马上坠地。辽兵竞相前往扶救，但萧挞凛终因伤势过重而死亡。对于他的死，萧太后极为悲痛，军中士气大受损伤。但是，辽军仍以主力围困澶州，并分兵继续南进。二十五日，辽军又攻下了通利（今河南浚县东北），大有越过澶州，进逼宋朝都城之势。

随着辽军步步逼进，宋真宗的"亲征"计划才被迫逐渐付诸实施。终于在十一月末，真宗到达澶州北城，宋军士气大振。萧太后知道辽国不可能一举灭宋，于是有心求和。真宗派曹利用去辽营谈和。十二月，辽派使臣韩杞来，扬言要索还周世宗时收复的关南地。真宗不敢再战，但是也不愿答应割让土地，于是派曹利用再去辽营，密告可给银绢许和。宋辽立誓书，商订和议，宋向辽每年输银十万两、绢二十万匹；沿边州军，各守疆界，两地人户不得交侵；两朝城池依旧修缮，不得增筑城堡、改移河道。

和平的代价

曹利用再度出使前，问真宗许给辽的银绢数。真宗说："如果实在不得已，百万也行！"寇准却私下召曹利用到营帐说："虽然皇帝说可以许百万，但若过三十万，我就杀了你！"和议成功后，内侍误传为三百万，真宗虽然大惊，但接着就说："能就此了事也行啊！"等到曹利用入奏说是许银绢三十万，真宗大喜，特予厚赏。

辽兵岁得银绢，班师回朝。宋朝以屈辱妥协暂退敌兵。真宗自作《北征回銮诗》与群臣唱和，来庆祝所谓"了事"的"胜利"。宋朝以屈辱的方式取得了和平，可是从军事上来看，宋军在战略上其实是占据了优势的。当时辽军前进方向层层受阻，兵力损失很大，而且身后方还有数个宋朝军事重镇未能拔除,时时威胁着辽军的退路。如果宋军下定决心与辽军进行大决战,胜负尚未可知。可宋辽双方都缺乏决战的决心,最终还是以和议给这场大战画上了一个并不圆满的句号。

"澶渊之盟"后,辽国一方面由于内部统治不稳,另一方面也感到难以打败宋朝,所以不再举兵南下,宋辽两国的战事基本结束,南北对峙的局面形成。此后的几十年间,宋辽大体上维持着和平状态。

《武经总要》

《武经总要》是中国现存最早的官修兵书。康定元年(1040),宋仁宗仿效唐朝以来专门设局、官修正史的组织形式,命翰林学士曾公亮、丁度等通晓军事者编撰,当年成书。全书共40卷,分前后两集,前集20卷,其中制度15卷、边防5卷,分别论述了军队建设和用兵作战的基本理论、制度和军事常识,内容涉及选将料兵、教育训练、军队编制、行军宿营、古今阵法、侦察联络、地形地物、城邑攻守、水战火攻、步骑应用、武器装备以及边防各州的方位四至、地理沿革、山川河流、关隘道路、军事要点等,并配有大量插图;后集20卷,其中故事15卷、占候5卷,分类介绍历代著名战例,比较用兵得失,总结经验教训,讲述阴阳占候。该书图文并茂,堪称中国历史上第一部军事百科全书。对于研究中国军事学术史、兵器史具有重要的参考价值。它开创的兵书编撰体例,对后世影响很大,例如明朝范景文著的《正续武经总要》,赵本学、俞大猷所撰的《续武经总要》,唐顺之的《武编》,茅元仪的《武备志》都明显受到《武经总要》的启发和影响。

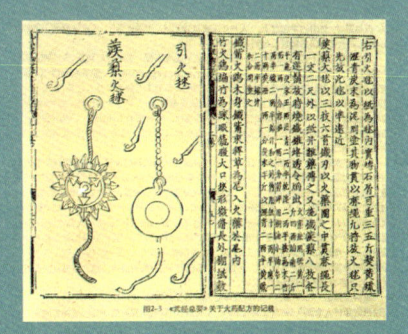

《武经总要》书影

探索古文明 中国

靖康之耻

公元1126年—公元1127年

靖康之役是一场给宋朝军民带来空前灾难与屈辱的战争,在以后很长一段时间内都深深地印在中原百姓的心中。

更加凶悍的邻居

靖康元年(1126)闰十一月二十五日,北宋的首都东京被金军攻破。宋徽宗赵佶和他的儿子宋钦宗赵桓乞降不成,相继成为金军的俘虏,立国一百六十多年的北宋王朝在风雨飘摇中轰然倒塌。这个中国历史上惊天动地的大变动被称为"靖康之耻",又被称作"靖康之难"或"靖康之祸"。无论它叫什么名字,这都是一段让人难以忘却的记忆。

辽国被兴起于白山黑水的女真人灭掉后,利令智昏的北宋君臣们才发现他们换了一个更加凶悍的邻居。在第一次东京保卫战结束后六个月,金军再一次大举南侵。与他的父亲一样,宋钦宗这一次又为金人提供了"毁约背盟"的战争借口。靖康元年(1126)八月,金军西路统帅完颜宗翰从云中(今山西大同)发兵,东路统帅完颜宗望从保州(今河北保定)发兵。两路侵略军长

北宋汴河客船

根据张择端《清明上河图》复原的客船。

> **听琴图·北宋·赵佶**
>
> 《听琴图》是一幅优秀的中国人物画。画中主人公，居中危坐石墩上，黄冠缁服作道士打扮，双手置琴上，轻轻地拨弄着琴弦。现藏于北京故宫博物院。

驱直入，连续攻克太原、真定、中山等北方大城，都于闰十一月抵达东京城下，对其形成合围的态势。此时的东京乱作一团，文武百官意见不一又相互推诿。不久前击退金军的李纲，早已被冠上"专主战议"的罪名贬出京师，久经沙场的老将种师道亦在此前被罢去兵权，于十月病逝。如果仅仅以聚集在京师的宋军数量来说并不算少，宋钦宗手中尚有禁军7万，加上东京的保甲、募兵，以及陆续到来的勤王军队，总兵力在20万上下。然而在这些军队中，只有禁军在平时接受过训练，其他的军队完全由临时武装起来的普通百姓组成。

自毁长城

北宋时期的东京城与今日不同，当时这座位于黄河边上的城市西北偏高、东南偏低；相对来说，

探索古文明 中国

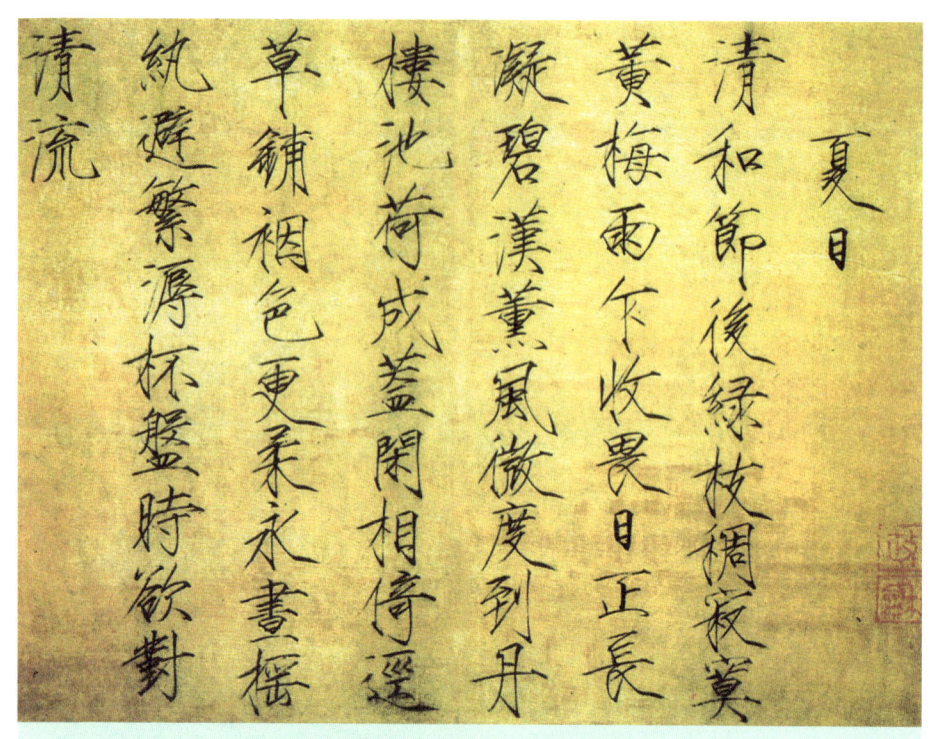

夏日诗帖·北宋·赵佶

宋徽宗赵佶不仅是画家，在书法上也有较高的造诣，他创造出独树一帜的"瘦金体"，瘦挺爽利，与他所绘的工笔重彩相映成趣，为后人竞相效仿。

西、北两面的城防较为坚固，东、南两面则显得有些薄弱。两路金军合围之后恰逢天降大雪，守城的宋军被冻得拿不住弓箭，城外的金军却早已习惯这种天气，依旧生龙活虎地在雪天里操练。在一个大雪纷飞的早上，金军迫不及待地开始攻城，两军在东水门持续鏖战了15天，金人遭遇城东守军的顽强抵抗。由于抛石机"弹药"不足，金军将东京附近数十里范围内的石碑、石磨，甚至墓地的石雕都搜刮过来，砸碎后当作石弹发射到城中。面对同样的情况，东京军民涌入著名的皇家园林"艮岳"，将宋徽宗自全国搜集来的怪石假山敲碎，连同里面的珍奇树木一起投向敌人。

金兵多次攻城无功而返，便转移了主攻方向，将主力部队调往陈州门。

这时大雪已经下了20天,并且依旧没有停止的迹象,东京的护城河彻底冰冻,往来不再成为障碍,守夜的宋军士兵甚至有被冻死的。金军统帅宗翰喜出望外,宣称这场大雪犹如为金军增加了20万人马。

闰十一月二十四日,看到战争日趋激烈,负责东京城防御的殿前都指挥使为鼓舞士气,传令宋军诸部,凡是能够出城杀敌的人,回来之后都可以得到金碗和官诰的奖励。此令一出,宋军将士纷纷奋勇杀敌,一日之内竟然斩敌三千有余。然而当兵士们前去领赏时,北宋朝廷却无法兑现,这种言而无信的行为严重影响了守军的士气。

"六甲神兵"的闹剧

为自身安危忧心忡忡的宋钦宗,这时采纳了一个异想天开的退敌办法。深受宠信的道士郭京告诉宰相,只要能够找到七千七百七十七名符合条件的壮丁,经过他施加法术后就可以变作无敌于天下的"六甲神兵"。钦宗听信了宰相的话,满足了郭京的条件,于是在郭京的带领下,几千名市井无赖"驱散"了守城宋军,"慷慨激昂"地打开城门列队出击。大喜过望的金军立刻予以迎头痛击,将这些"六甲神兵"消灭之后,金人乘机一举登上东京城头,随即其他城门相继被攻破。

得知噩耗的宋钦宗失声痛哭,哀呼自己为什么不用李纲、种师道等人。正在这时,一些禁军士兵冲进皇宫,准备保护皇帝出城逃走,但是深恐自己遭遇劫持的钦宗竟然下令将他们全部格杀。城破后,悲愤的东京市民纷纷前往军械库领取武器,准备与金军展开巷战。

然而金军占领城墙后并未进城,他们派遣使者进宫去见北宋皇帝,要求与之举行和谈,并特别要求太上皇宋徽宗亲自前往金营谈判。宋钦宗对金军使者推托道:"太上皇因为惊吓已经生病了,就让朕亲自去吧。"于是这位刚刚即位一年的皇帝带着几位大臣来到金军大营,向金人呈上降表。这一次

探索古文明 中国

> 丧师辱国的宋钦宗重回京都，仍然不知自省，将所有责任推脱到臣子身上。

和谈，金人的要求比以前苛刻了许多，除割地之外，他们还索要黄金、白银各一千万锭，布帛一千万匹。身陷敌手的钦宗一一答应。两天后钦宗被释放回京城，失魂落魄的皇帝看到百姓和太学生们站在泥雪中夹道相迎，不能自已地掩面痛哭道："宰相误我父子！"

靖康之耻

　　腐朽懦弱的北宋君臣为了避免东京军民"触怒"金人，在和谈之后收缴了军队、私人的全部武器，并将这些军械送到金营。得到武器后金军又索要马匹，宋钦宗便下令开封府的差役清点官私坐骑，包括皇帝的御马在内，将近万匹马全部送交金营。与此同时，北宋朝廷开始着手筹备金银，更派钦差到河东、河北去交割土地。然而金银筹集工作并不顺利，从靖康元年（1126）十二月拖延到第二年正月，依旧没有凑足金人要求的数量。等不及的金军将宋钦宗再次招到金营，然后对随行官员说，他们要将皇帝扣为人质，直到金银如数交出后才能放回。被囚禁的宋钦宗只得下诏，要求宗室、豪族、内侍、僧道、娼优等，务必将家中蓄存的金银全部交出。到靖康二年（1127）正月十九日，东京城内的官吏们总共搜刮到黄金十三万八千两、白银六百万两、绸缎一百万匹。负责收缴任务的官员告诉金军，这些已经是倾其所有了。

　　金人对此将信将疑，便使计检测东京是否还有余财。他们利用围城造成的粮荒，在各个城门附近堆积粮食，宣布城里的百姓可以用金银向他们购买。通过出售粮食，金人在几天之内便获得了黄金七万五千余两、白银一百一十四万两。察觉到自己被"欺骗"，恼羞成怒的金军杀死了户部尚书梅执礼等四名大臣，同时以大金皇帝的名义下诏，将宋钦宗和宋徽宗贬为庶

第六章 昌文偃武的时代：宋

民，勒令滞留东京的北宋官员自行拥立异姓为主。为保全自身性命，宋朝的官僚们大量变节。认贼作父的京城巡检范琼逼迫宋徽宗前往金营；开封知府徐秉哲命令城内居民五家为保，相互监督，不得藏匿皇室成员，最后将皇室、皇亲三千多人悉数送交金人。

靖康二年（1127）三月，金人册立张邦昌为中原皇帝，扶植他建立伪楚政权。四月初，满载而归的金军挟持徽、钦二帝和其他皇室成员，以及拒绝降金的官员、工匠数千人北去，留下了一座残破的东京城，这便是后来岳飞立志要洗雪的"靖康耻"。

Discovery

瓦肆

宋代城市中娱乐兼营商业的场所称为"瓦子"，古语有云："谓其'来时瓦合，去时瓦解'之义，易聚易散也。"北宋东京又称瓦子为瓦舍、瓦肆。瓦子的产生是城市繁荣、商业发展、市民阶层扩大的结果。据宋《燕翼贻谋录》记载："东京相国寺乃瓦市也，僧房散处，而中庭两庑可容万人，凡商旅交易，皆萃其中，四方趋京师以货物求售转售他物者，必由于此。"瓦肆的生意兴隆可见一斑。在瓦子中，有许多用栏杆之类东西组成的小的演出场所，称为勾栏。当时东京著名的桑家瓦子有大小勾栏五十余座，"内中瓦子、莲花棚、牡丹棚、里瓦子、夜叉棚、象棚最大，可容数千人"。在瓦肆中，市民不仅能购买到南北东西的物品，还能欣赏到曲艺、杂耍、神课、博彩、驯鸟、斗鸡等节目。因为宋朝取消了宵禁，开设夜市，这也改变了当时人们的生活方式和生活观念。夜店"通宵买卖、交晓不绝"，"其余桥道坊巷，亦有夜市扑卖果子糖等物，亦有卖卦人盘街叫卖，如顶盘担架卖市食，至三更不绝。冬月虽大雨雪，亦有夜市盘卖"。人们在晚上也能外出游玩。

探索古文明 中国

赵构偏安

南宋

公元 1127 年 – 公元 1162 年

历史确实能给一些人惊喜，靖康之变后，赵构作为"漏网之鱼"，成为继承皇位的不二人选。然而，为了巩固皇权，赵构无视父兄被掳的奇耻大辱，无心收复江山，而是越江远避，纵情享乐。

靖康之耻后，徽、钦二帝和皇族、官吏数千人，被押到了金国。从赵匡胤称帝开始的北宋王朝在统治了167年之后，宣告灭亡。国不可一日无君，人们迫切希望另立新君，主持大局。满朝文武环顾四周，发现宋徽宗的后裔中有人侥幸逃过了金兵的追捕，这就是康王赵构。

花卉纹银六角盘·南宋

此盘为六曲菱花形，圆唇，平折沿，斜壁，平底。盘沿锤出一周折枝花卉，盘内底中心刻一莲花，其外围有突起弦纹，四周随形刻繁茂的折枝花，是宋代金银制品中的精品。

不二之选

赵构，字德基，生于北宋大观元年（1107），为宋徽宗赵佶第九子、宋钦宗赵桓之弟，宣和三年（1121）被封为康王。赵构在靖康元年（1126）春，金兵第一次包围开封时，还曾以亲王身份在金营中做过一段时间的人质。当时赵构与张邦昌出使金国，代表北宋政府与金国谈判，希望能够割地议和、罢兵休战，被扣留十余日，后放还。当年冬，金兵第二次南下，宋廷再派赵构出使金营求和。

第六章　昌文偃武的时代：宋

当赵构一行到达磁州（今属河北）时，磁州的百姓拦住了赵构的队伍，不让他到金国去求和。地方官宗泽也对赵构说："金国要殿下去议和，这是骗人的把戏。他们已经兵临城下，求和又有什么用呢？"

赵构害怕再次被金国扣留，于是他顺应民意留了下来。后来金兵再次包围开封，赵构受命担任河北兵马大元帅，驻守相州。然而，在朝廷危难之际，他却移师河北大名府，观望局势，保存实力。随后，又转移到山东东平府，以避敌锋。

靖康之变后，赵构成为人们心目中重整河山的"中兴之主"，作为得到全国上下公认的合法继承人，被推到了皇帝的宝座之上。

直把杭州作汴州

靖康二年（1127）五月，众望所归的赵构在南京（今河南商丘）登基，改元建炎，成为南宋第一位皇帝。赵构在位的三十六年，对南宋初年国家政局的走向产生了重大的影响。

赵构统治初期，有意抗金，收复河山。他任命主战派李纲为相，士气大振。但是，没过多久他就罢免了李纲，之后更是一味地逃跑、求和。赵构不顾众臣的反对，抛弃了中原众多的百姓和广大的国土，纵马越江，南逃而去。在金兵的追击之下，宋高宗和他的投降派臣子们先后到达越州（今浙江绍兴）、明州（今浙江宁波）、定海（今浙江镇海）等地避难，甚至还一度漂泊到了海上。直到建炎四年（1130）金兵撤离后，赵构才回到江南。

绍兴八年（1138），惊魂初定的赵构定都临安（今浙江杭州）。此后，他偏安一隅，纵情声色，大兴土木，极尽享乐，纵容奸臣秦桧弄权。为了巩固皇位，赵构杀害岳飞，跟金国屈辱求和，签订"绍兴和议"，割让大量土地，再也不提收复失地的事情了。

> 当时的诗人林升曾作诗讽刺道："山外青山楼外楼，西湖歌舞几时休？暖风熏得游人醉，直把杭州作汴州。"

探索古文明 中国

撼山易，撼岳家军难
公元 1130 年 – 公元 1141 年

岳家军是南宋初年最有战斗力的一支军队，金人都说："撼山易，撼岳家军难。"郾城、颍昌之战是岳家军对金抗战取得的最大胜利，挟着胜利之势，收复中原大有希望。然而，南宋朝廷却将这一大好形势彻底断送了。

李若虚矫诏

绍兴十年（1140），金兵大举南侵，顺昌告急，宋高宗赵构急命淮河流域的驻军前往增援。岳飞所在的防区距离顺昌最近，他急命前军统制张宪和游奕马军统制姚政领本部兵马，率先驰援顺昌。宋廷下诏，要他趁机恢复中原，诏文中说："向东争取收复东京，向西尝试增援关陕一带的部队，北连河北义军，这是中兴的大好时机。"当时兀术大军被刘锜阻挡在顺昌城下，张俊部将王德及韩世忠所部英勇杀敌，逼得东线金军节节败退，而西线完颜杲统率的金军也被吴玠击败，退守凤翔。六月初，岳飞从襄阳、鄂州（今湖北武汉东南）出发，派李宝、梁兴、赵云、董荣等将率游击部队迂回骚扰金军后方，又派武赳、郝义等将率轻装步兵西进与吴琦、吴玠等部取得联系，以保障主力侧翼，本部兵马则直捣东京。

然而此时刘锜已在顺昌大败兀术，金军主力退回开封，南宋朝廷得到这个消息后，认为危机已经解除，立刻要求前线各军采取守势，以便和金国再开和议。六月下旬，司农少卿李若虚赶到德安（今湖北安陆）传达赵构的旨意："兵马不可轻动，应该立刻班师。"岳飞对李若虚说："我的进军计划

第六章 昌文偃武的时代：宋

岳飞像·现代·徐菊庵

已经部署好了，一半军队都已经开拔，怎能说退就退？况且现在时机大好，士气高涨，如果退兵，再想恢复中原就难如登天了！"李若虚也激于义愤，慷慨陈词道："好吧，我来承担假传圣旨的罪过，你就说我来到军中，只是催促你进兵，没提班师的事情。请你奋勇杀敌，恢复中原，报效国家吧！"

兀术袭击郾城

兀术从顺昌城下败退后，立刻派大将韩常守备颍昌，翟将军守备淮宁，三路都统阿鲁补守备应天府（今河南商丘），构筑起牢固的开封外围防线。兀术本人则和龙虎大王合兵，作为总预备队留在开封。

探索古文明 中国

🌿 岳飞参花图·清·吕焕成

画面上的岳飞神态安详，端坐于凉台之上。此画人物刻画细腻生动，构图工整，设色淡雅。

绍兴十年（1140）闰六月十九日，岳家军骁将张宪推进到距离颍昌40里的地方，韩常统军来战，被张宪打得大败，弃颍昌而逃。张宪随即会合牛皋、徐庆等部，又拿下了淮宁。二十五日，韩常得到兀术派来的增援，发起反攻，想要复夺颍昌，却被岳家军踏白军（敢死队）统制董先、游奕马军统制姚政分兵杀败，再次溃逃。韩常是兀术的爱将，作战极为勇猛，但至此时，连他都灰心丧气，悄悄对人说："岳家军是不可战胜的，我是不是投降为好呢？"兀术听闻此事，吓得不轻。

开封外围的三个据点转瞬间就被岳家军夺取了两个，剩下一个应天府原属张俊的战区，岳飞就几次写信给张俊、刘锜，要两军北上，协同进攻。然而顺昌之战后，张俊已经奉诏班师，刘锜虽未退兵，却也停在顺昌，不敢违命前进。岳飞分路进兵，二十五日攻克郑州，七月一日再取洛阳，虽然屡战屡胜，战线却越拉越长，侧翼也没有友军保护，这就给了兀术可乘之机。

七月初八，兀术得到盖天大王赛里等率领的生力军的增援后，召集诸将开会，说："南朝各部都好打，只有岳家军勇不可当。为今之计，只有直捣其腹心，消灭其统帅部，那么岳家军自然也就溃散了。"他探听到岳飞本人带兵驻扎在郾城，就挑选1.5万名精锐骑兵，直扑郾城。

郾城大捷

兀术大军杀到的时候，岳家军各部都在外线作战，岳飞手下只有背嵬亲军和游奕马军的一部分。看到金军主力杀来，很多人都心生惧意，岳飞却笑着说："敌人已经黔驴技穷了。"他一方面调派各部回援，一方面派儿子岳云率先出战，并且严令说："如果不能取胜，我就先将你斩首示众！"他让士兵都手持麻札刀，不要仰视，低着头只管削马足，于是作战中敌骑兵大乱。岳飞又亲率40骑冲到敌阵中，左右开弓，箭不虚发，金军全面溃败。就这样，兀术的拐子马战阵再次被破，他痛哭道："从海上之盟起兵后，我一直靠着这支部队取胜,到今天却全部覆灭了!"从此以后,南宋民谣中就有"金人有金兀术,我有岳少保,金人有拐子马,我有麻札刀"的词句。

兀术被迫后退到临颍,继续纠合军队,合兵12万,卷土重来。七月十三日,张宪等部陆续赶到,岳飞遂挥军直进,寻求与兀术主力决战的机会。岳家军前锋300骑在进抵临颍城南小商桥的时候,突然与金军遭遇,猝不及防,被团团包围。领兵将领杨再兴毫无惧色,奋勇杀敌,竟然斩杀金兵两千余人,杀死万户撒八和千户将官百余人。最后杨再兴中箭而死,张宪等部随后杀到,岳家军人人悲愤,个个争先,杀得兀术大败溃逃15里才收拢了残兵。

颍昌大捷

岳家军大将、都统制王贵驻扎在颍昌,岳飞在夺取临颍后,判断兀术定会再夺颍昌,就急派岳云前往增援。果然,兀术集结了镇国大王、韩常和四个万户的军队,共3万骑兵,并龙虎大王、盖天大王的10万步兵,气势汹汹地开到颍昌城西,同时派5000骑兵在临颍东北牵制张宪所部。七月十四日,王贵命董先率踏白军、胡清率选锋军守城,自己则和姚政、岳云等率中军、游奕马军、背嵬军出城迎战。双方从早晨一直杀到中午,胜负未分,守城的董先、胡清趁机出城,从外线冲杀敌阵,金军全面溃败。此战杀死金国统军上将军夏金吾及千户5人,活捉大小首领78人,俘虏2000余人,杀死5000余人,缴获战马3000余匹,铠甲器械不计其数。

经过颍昌大捷,兀术主力已不堪再战,岳家军也伤亡不小,短期内无法再孤军深入。如果此时其他各路宋军能够前来协助,则开封指日可下。然而南宋朝廷依旧严令各军班师,甚至把驻扎在顺昌的刘锜也调回了镇江。岳飞上奏说:"现在河东、河北各地义军蜂起,而我本部兵马也士气高涨,天时、人和都对我有利,敌弱我强之势已逐渐显现,如果退兵,则功败垂成。

机不可失，时不再来。"然而赵构仍然下诏，严令"不得深入"。眼见友军纷纷后撤，并且后方的粮草也逐渐停止供应，岳飞仰天长叹道："所得诸郡，一旦都休！社稷江山，难以中兴！乾坤世界，无由再复！"无奈的他只能令主力撤离洒下无数鲜血才得以收复的郾城、颍昌等地，退守淮中防区。

岳飞率军南撤后不久，就遭到了奸臣秦桧的构陷，被夺职下狱。绍兴十一年（1141）除夕，三十九岁的岳飞以"莫须有"的罪名被处死。绍兴三十二年（1162），宋孝宗即位后，追复了岳飞少保、两镇节度使的职务，其子岳云等被追复官职。宋孝宗淳熙五年（1178），岳飞被追谥为武穆，宋宁宗时又被追封为鄂王，这段千古冤狱终于得到昭雪。

岳飞墓和岳云墓

岳飞墓，也称岳坟。位于浙江省杭州市栖霞岭南麓，是南宋抗金名将鄂王岳飞的墓地。墓呈圆形，墓碑刻有"宋岳鄂王墓"。岳飞墓的左侧是岳云墓，墓碑上写着"宋继忠侯岳云墓"。

探索古文明 中国

"绍兴和议"

公元 1141 年

"绍兴和议"是南宋与金订立的一项屈辱和约，南宋王朝俯首称臣，以沉重的代价换来了宋、金之间维持了二十年的和平时期。此后双方虽也发生过冲突，但是规模已大不如前。

南宋在高宗的主持下，小人得志，英雄气短。君主夜夜笙歌，声色犬马；朝臣中，奸相秦桧长期把持朝政，排除异己，大兴冤狱，卖国求荣。南宋朝廷离心离德，还不顾颜面地向金国摇尾乞怜，希望通过签订耻辱的条约来换取和平，苟且偷生。

百姓抗金，君臣和谈

南宋初年，金兵的铁骑肆意驰骋在中原大地之上，金军占领区百姓备受蹂躏，南宋政权处于风雨飘摇之中，偏安江南的朝廷无视国土的沦丧，一心

秦桧手书深心帖

此帖书于绍兴十二年（1142），前一年冤杀岳飞，并与金签订《绍兴和议》。而秦桧在书此帖的前三个月刚进太师、魏国公，在此帖中体现出的志得意满、飞扬跋扈之气，比蔡京有过之而无不及。

第六章 昌文偃武的时代：宋

通过议和来换取和平。

在中原大地上，从民间到军方，遍布着轰轰烈烈的全民抗金活动。这种局势成了高宗赵构与宰相秦桧向金求和的砝码。绍兴十年（1140），宋军在反击南下金军的战役中，屡屡获胜，取得了顺昌、郾城大捷，正是一举收复失地的大好时机。然而，高宗与秦桧担心这样进攻会惹怒金，破坏和议，于是下令撤军，放弃了河南等已经收复的地区。南宋官兵眼见大势已去，无不扼腕叹息。

绍兴十一年（1141），金军再次南下，在柘皋（今安徽巢湖）被刘锜率领的宋军所败。高宗依然不许宋军乘胜追击。为了表示彻底求和的决心，高宗表面上以论功行赏之名，把韩世忠、张俊、岳飞三员猛将召回临安，授以高位，而实际上却剥夺了他们的兵权。秦桧还联络张俊，设计陷害坚决抗金的韩世忠和岳飞。

金对南宋抛来的橄榄枝十分欣喜，他们也需要罢兵休整。一方面是因为八字军等民间义军的抗金活动，极大地牵制了金军的兵力，有效地阻碍了金军南下；另一方面，金军也无法突破岳飞等抗金将领的防御屏障。此外，金内部也发生了激烈的权力斗争，对南下攻宋心有余而力不足。但是，和一心求和的南宋不同，金要争取最大的利益。

探索古文明 中国

苟且偷生，俯首称臣

绍兴十一年（1141）十月，南宋派魏良臣赴金提出和议事项。一个月后，金国大臣萧毅、邢具瞻随魏良臣来到临安，提出条件，最后双方签订了"绍兴和议"。从此，南宋向金称臣，金"赐予"南宋土地，双方东以淮河中流为界，西以大散关（今陕西宝鸡）为界，南属南宋，北属金；南宋割让唐州（今河南唐河）、邓州（今河南邓州市）二州给金，以及商州（今陕西商县）、秦州（今甘肃天水）的大半土地；此外，南宋每年向金朝纳贡银25万两、绢25万匹，在每年春季送至泗州（今江苏盱眙西北）交纳。作为交换，金归还了被刘豫伪齐政府控制的河南和陕西的一部分地区，并送还徽宗梓宫和在"靖康之难"中被掳去的高宗生母韦太后。第二年春，金册封赵构为宋帝。

"绍兴和议"签订后，秦桧非但不以为耻，反而厚颜无耻地宣称自己为南宋赢得了和平，大可休养生息，日后再战。和议签订后，高宗君臣没有卧薪尝胆，意图雪耻，反而变本加厉，整日过着花天酒地的颓废生活，任何再提抗金的大臣都遭到了排斥。

可是，秦桧自说自话的谎言很快就被戳穿了，秦桧所说的和平仅仅维持了20年，南宋就付出了沉重的代价：不仅断送了军民抗金的大好局势，而且给本已饱受战火摧残的百姓带来了更为沉重的赋税负担，更重要的是和议把投降派推向了权力的巅峰，把国家的命运引向深渊。

宋高宗赵构像·南宋

第六章　昌文偃武的时代：宋

留取丹心照汗青

公元 1236 年—公元 1283 年

文天祥，这位矢志抗元、以身殉国的南宋遗臣，七百多年来一直得到世人的缅怀和称赞，即使在元人所修的《宋史》中也被赞为"伟人"，这正是因为在他身上体现了中华民族的浩然正气和爱国主义的高尚情操。

官场排挤

文天祥，字履善，后改字宋瑞，号文山，吉州吉水（今江西吉安）人。二十岁时就考中进士，宋理宗宝祐四年（1256），对策集英殿，擢为第一。考官王应麟向皇帝祝贺，得到了一位贤才。因为文天祥在对策中，对时局、国事和民情都有一针见血和直抒胸臆的议论和评价，在社稷危亡之际，他更为关心的不是名利，而是国家民族的命运。

景定（1260—1264）初年，文天祥就以不畏权势而闻名朝野。他力谏理宗不要重用号称"董阎罗"的宦官董宋臣，而董宋臣恰恰就是文天祥的顶头上司。结果，文天祥被排挤出临安，差知瑞州（今江西高安）。度宗即位后，他又被召回临安，相继出任礼部郎官、尚书左司郎官等要职。然而生性耿直的文天祥再次得罪了朝中台谏，被罢去所有职务，第二次被排挤出官场。咸淳六年（1270），文天祥再次被召回临安，出任崇政殿说书、学士院权直、玉牒所检讨官，并由此进入了朝廷权力的中枢机关。可是这一次，文天祥又得罪了权相贾似道。他在草拟制书时，针对贾似道一次次借口养病退休而实际上要挟度宗的行径提出了批评，于是他第三次被排挤出了官场。

153

探索古文明 中国

临危受命

德祐元年（1275），元军在芜湖丁家洲大败贾似道率领的宋军，宋军水陆两军主力几乎全军覆没，长江防线顿时崩溃，临安危急。南宋朝廷已经无法组织起有效的抵抗，只有号召各地勤王。然而诏书发出了一道又一道，各地的响应者却寥寥无几。时任江西提刑的文天祥毅然率兵来到临安府。但此时，元朝大军已经逼近临安。南宋的两位宰相留梦炎和陈宜中置国事于不顾，相继潜逃。谢太后决心向元军主帅伯颜投降，为此，半日之内升文天祥为右丞相兼枢密使，并派其赴元军大营议和。在元营，文天祥不为所屈，义正词严地进行抗争。伯颜见其拒绝在投降问题上合作，遂将文天祥扣留。

就在文天祥在敌营一次次拒绝元人威逼利诱的劝降活动之时，宋恭帝却已经率文武百官，向元朝正式投降了。但宋恭帝的两个兄弟——赵昰和赵昺，却在张世杰的护送下远逃闽广，并组织起流亡政府。看到希望的文天祥，从镇江连夜逃亡到真州（今江苏仪征）。文天祥曾欲请两淮之兵合纵抗战，但两淮之兵不为所用。遭到淮东制置使兼扬州知州李庭芝猜疑的他辗转逃避至温州，复收兵转战，

文天祥像·清·叶衍兰

后终因力寡势孤，屡战屡败，在海丰北面的五坡岭被元军张弘范部击溃并俘虏。

> **过零丁洋**
>
> 辛苦遭逢起一经，干戈寥落四周星。
> 山河破碎风飘絮，身世浮沉雨打萍。
> 惶恐滩头说惶恐，零丁洋里叹零丁。
> 人生自古谁无死？留取丹心照汗青。
>
> ——宋·文天祥

失败的英雄

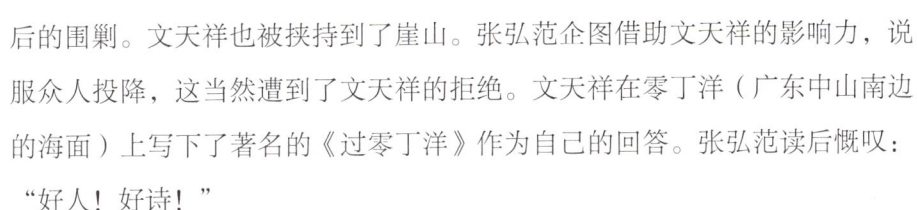

祥兴二年（1279），张弘范率元军水师对南宋进行最后的围剿。文天祥也被挟持到了崖山。张弘范企图借助文天祥的影响力，说服众人投降，这当然遭到了文天祥的拒绝。文天祥在零丁洋（广东中山南边的海面）上写下了著名的《过零丁洋》作为自己的回答。张弘范读后慨叹："好人！好诗！"

十月，文天祥被押解到元朝首都大都（今北京）。元世祖忽必烈非常敬重他的人品和才学，指示有关官员加紧进行劝降工作。元人先后以其妻女、弟弟劝降，甚至派出投降了的宋恭帝和另一位状元宰相留梦炎出来做说客，都遭到文天祥的断然拒绝。忽必烈仍然不甘心，再派平章政事阿合马出面劝降，开出元朝宰相的价码来利诱文大祥，文天祥终究不为所动。公元1283年，誓死不屈的文天祥最终在大都菜市口英勇就义，时年四十七岁。人们在收殓他的遗骸时，发现了他临刑前写给自己的赞文："孔曰成仁，孟曰取义，唯其义尽，所以仁至。读圣贤书，所学何事？而今而后，庶几无愧！"

花形金盏·南宋

此金盏外部轮廓呈花朵形状，花瓣分明，盏心为花蕊，伸出瓶状花蕊，颇为写实，亦别具情趣。

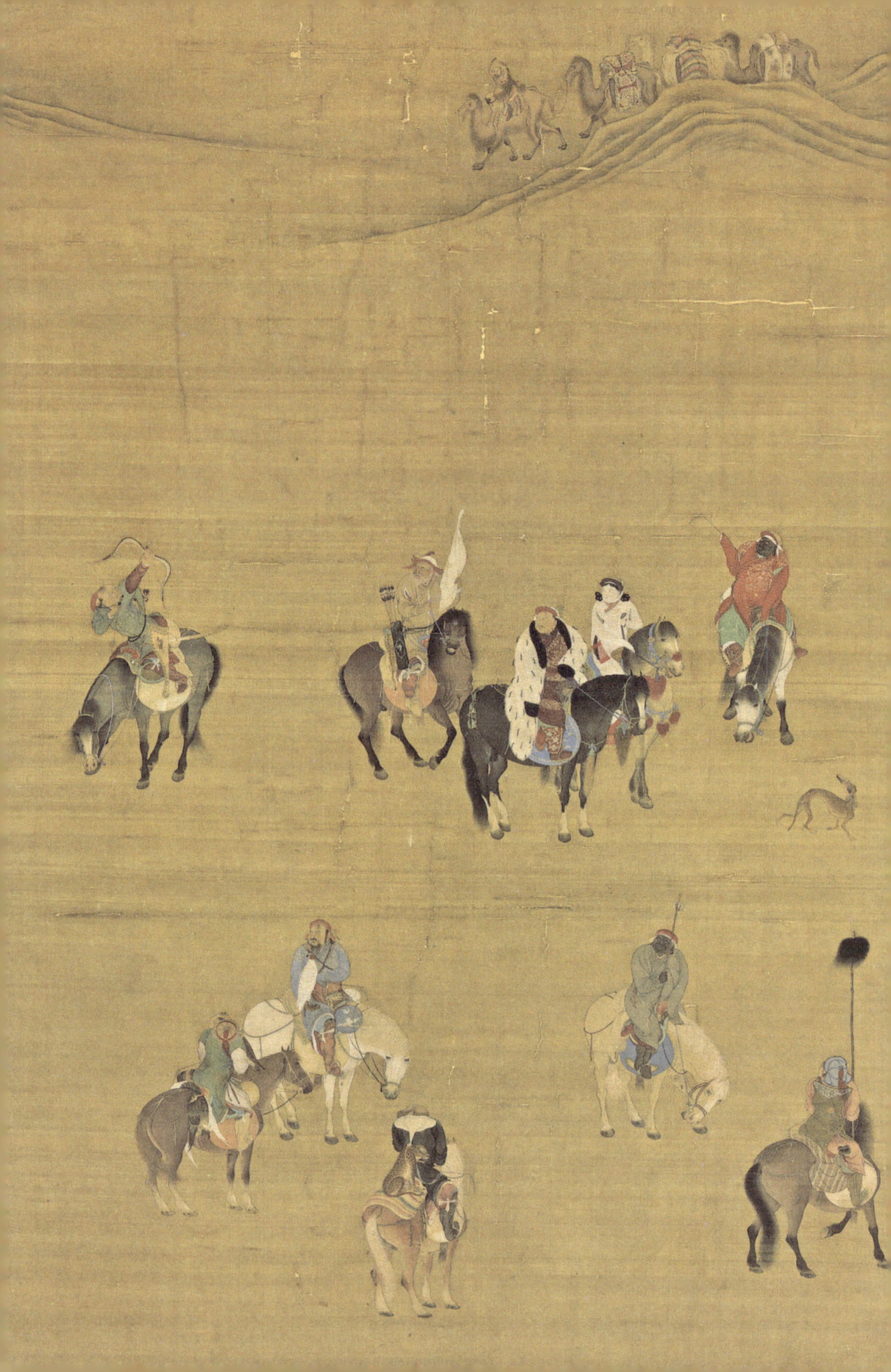

第七章

金戈铁马踏出的王朝：
辽·西夏·金·元

辽采用"因俗而治"，根据不同地域、不同民族的发展水平而施行相应的管理制度，颇有成效，其在天文历法、医学和建筑方面也取得很大的进步。

西夏的政治制度受宋朝影响巨大，其官制、军事、农业生产等诸多方面都借鉴宋朝，甚至其文化核心也是儒家文化。

金在与南宋、西夏并立时一直处于霸主地位，但在觉察到来自蒙古的威胁后，错误地采取"绝夏""攻宋""抗蒙"的战略，致使自己三面树敌，最终自取灭亡。

元朝结束了中国长期南北对峙的局面，行省制度的创立更是中央集权制度的一个重大发展，这为加强各民族之间的融合、经济的迅速发展创造了有利条件。

耶律阿保机建辽　　一代天骄成吉思汗　　忽必烈建元

探索古文明 中国

耶律阿保机建辽

公元872年—公元926年

辽是由契丹族建立的王朝，疆域极盛时"东至于海，西至金山，暨于流沙，北至胪朐河，南至白沟，幅员万里"，据有北方草原和华北农耕地区的北缘。契丹族定渤海、伏女真，或和宋以制夏，或联夏以衡宋，在纵横捭阖中，历九帝，延续达209年。后其支裔又在中亚建立西辽。可是这个伟大的民族，在其灭亡之后，历经金、元，却在历史上消失了踪迹，它在给人们带来不少惊喜的时候，也留下了诸多的困惑。

契丹的兴起

对于"契丹"一词的含义，史学界历来众说纷纭，至今尚无定论。一说"契丹"为"镔铁""刀剑"之义；另一说是从语言学的角度，认为"契丹"是"奚东"的转写或为"秦"字的缓读。此外，还有其他的类似说法，多达十来种。

关于契丹族的族源，大致有"匈奴说"和"东胡说"两种意见。目前，学术界基本倾向于契丹为东胡系统东部鲜卑宇文部后裔。鲜卑是一个复杂的民族共同体，大致可分为东部鲜卑、北部鲜卑和西部鲜卑，总人口数达二百多万。其中东部鲜卑经过檀石槐、轲比能等部落联盟时期，发展成为慕容氏、段氏、宇文氏部落。宇文部分布于濡源河（今滦河上游）以东、柳城（今辽宁朝阳西南）以西，即今内蒙古东部的西拉木伦河和老哈河流域，古称"松漠"。最初，鲜卑慕容部力量较弱，常遭宇文部、段部的侵扰和掠

第七章 金戈铁马踏出的王朝：辽·西夏·金·元

夺。4世纪，慕容部势力渐强，前燕王慕容皝于公元344年率20万大军亲征宇文部，大获全胜。宇文部首领宇文逸豆归逃走，死于漠北，其部众5万余人被迁至昌黎（今属河北），余众或逃入高丽，或奔匿松漠。经过数十年繁衍生息，逃奔松漠的部落渐强，不时侵袭北魏边界。公元388年，北魏道武帝拓跋珪北征，与游牧于松漠地区的原宇文部战于弱落水南，"大破之，获其四部杂畜十余万"。此后宇文部分为库莫奚和契丹两部分，走上了独立发展的道路。

大约在隋末唐初，契丹人组建了大贺氏联盟。公元628年，契丹酋长大贺氏摩会摆脱突厥控制，率部落降附于唐。唐太宗把象征着部落联盟长的旗鼓赐给摩会。公元648年，唐朝又在契丹住地设置松漠都督府，加给契丹联盟长窟哥以松漠都督的称号，并赐姓李氏。契丹归附唐朝以后，部落联盟长的当选资格并不分属于各部落长，而是只限于大贺氏这一氏族，

披金戴玉，就是这么壕！

金链白玉竹节盒·辽

辽中京遗址

位于内蒙古赤峰市宁城县大明城老哈河北岸的冲积平原上。辽宋澶渊之盟后,契丹为便于与中原交往,遂利用北宋每年所纳岁币,征集燕云地区迁来的汉族工匠,在公元1003年兴筑规模宏大的陪都——中京大定府城。城址遗迹除东南角被老哈河冲毁外,部分城墙残高仍达4米。城址现存大塔、小塔、半截塔、石狮、龟趺等文物。

因此被称为大贺氏联盟。此后契丹部落联盟首领由大贺氏家族中"世选"产生,依靠唐赐旗鼓统领八部,平时各部单独从事畜牧、渔猎等活动,遇有调发攻战,则"八部聚议"。大贺氏联盟一直存在到公元730年。

大贺氏首领接受唐王朝的庇护,避免了突厥的侵扰,势力得以增强。在唐武则天统治时期,契丹族进一步发展。公元696年,唐营州都督赵文翙愎骄横,坐视契丹饥馑不予赈济,对联盟首领又不能待之以礼,激起了松漠都督李尽忠、归诚州刺史孙万荣的不满。他们杀死赵文,联合起兵叛唐。李尽

第七章 金戈铁马踏出的王朝：辽·西夏·金·元

忠采用突厥部落联盟长的称号，自称"无上可汗"。武则天先后命梁王武三思、建安王武攸宜率军出征；后来又借助突厥的力量，终于在公元697年将反叛镇压下去。孙万荣被杀后，契丹不能自立，就降服突厥，与唐朝断绝来往近20年。公元714年，大贺氏联盟首领李失活遣使随近邻奚人（北方少数民族库莫奚族，居住在老哈河上游一带）入朝，唐玄宗倍加抚慰，第二年复置松漠都督府，以李失活为都督，后又封他为松漠郡王。李失活死后，军事首长可突于专权，累废其首领。唐朝采取怀柔政策，多次答应其要求。公元730年，可突于杀死其首领邵固，另立屈列为首领。可突于杀死邵固立屈列，意味着契丹社会的统治权由大贺氏转移到遥辇氏家族手中。可突于率领契丹和奚的部众投奔突厥，再次断绝了与唐朝的关系，契丹社会进入遥辇氏部落联盟时期。

阿保机建国

　　唐末国势衰微，契丹族日益强盛，契丹八部之一的迭刺部首领涅里重建联盟有功，所以联盟的军事首长夷离堇世世代代由其后裔耶律氏家族担任，阿保机

❦ 契丹大字银币·辽

这枚银币上的契丹文字上下左右顺读，其意思并不一致，一般解释为"天朝万顺"或"天禄通宝"或"千钱直万"等。

就诞生在耶律家族。在遥辇氏联盟后期，耶律阿保机被推为迭剌部的夷离堇时，遥辇氏的最后一个可汗痕德堇也同时成为联盟的可汗。这时的阿保机掌握了联盟的军事大权，专门负责四处征战。他充分利用本部落的实力，接连攻破室韦和奚等部落，同时南下进攻掠夺汉族聚居地区，俘获一些汉人和大量的牲畜、粮食，使本部落的实力大增，这又为阿保机建立军功、树立权威创造了有利条件。

不久，阿保机的伯父耶律释鲁被其子滑哥所杀，阿保机继承了伯父的于越（地位仅次于可汗，史称"总知军国事"，高于夷离堇，掌握联盟的军事和行政事务，相当于中原王朝的宰相）职位，独掌部落联盟的军政大权。阿保机还进一步向中原地区扩充势力，和河东的李克用缔结盟约。公元907年，阿保机取代遥辇氏，当上了联盟的可汗，并于公元916年正式称帝，建元神册，以契丹为国名。阿保机委派汉人在临潢（今内蒙古巴林左旗）兴建都城，称为上京，又创制文字，制定法律。阿保机在位期间，先征服临近的奚族，继而讨平漠北诸部室韦族，并于天赞五年（926）灭了史称"海东盛国"的渤海国。阿保机的一系列行动，不仅缔造了辽国的制度基础，也开拓了辽国的生存空间。

阿保机去世后，次子耶律德光（辽太宗）嗣位。时值后唐河东节度使石敬瑭与后唐末帝不和，谋夺帝位，遂求援于契丹，允以称臣、称儿、割地，并许岁贡绢帛30万匹为条件。天显十一年（936）契丹遣使至太原，册立石敬瑭为帝，是为后晋高祖。后晋与契丹联合攻灭后唐，晋高祖石敬瑭如约割让燕云十六州。自此中原王朝失去了长城、燕山屏障，无险可守，北方民族南侵则大为便利。

占据燕云十六州后，辽国走出草原，走上了与中原民族融合的道路。其控制区域既有"畜牧畋渔以食，皮毛以衣，转徙随时，车马为家"的契丹人和其他游牧部族，也有"耕稼以食，桑麻以衣，宫室以居，城郭以治"的汉人和渤海人。在开拓疆域的同时，辽国的统治者不断吸收各族统治者的治国经验，学习各族的文化

第七章 金戈铁马踏出的王朝：辽·西夏·金·元

和制度，以完善辽国的统治机构。辽国的政治制度建设大致遵循了这样一条线索：阿保机时期，制度初建；建都上京，创制文字，制定法律；北南面官制初露端倪，但辽、汉官制的区分还不明确。太宗时，辽的统治制度初步形成，北南面官制正式确立。世宗承前启后，设置北、南枢密院作为北、南面官的最高机构，实现了契丹部落联盟向中央集权的转变。经穆宗、景宗、圣宗三朝，统治制度逐渐完备，机构基本健全。

作为北方少数民族政权，辽有着自身独特之处，并非匈奴、突厥一类纯粹的游牧民族，也不像北魏那样完全移入中原农业区，而是一个半牧半农的国家，兼有两种不同

辽太祖陵

位于内蒙古赤峰市巴林左旗，为辽代的开国皇帝耶律阿保机的陵寝。陵墓借鉴了唐代帝陵的风格，依山而凿。陵前山谷两侧山峰如阙，称黑龙门。山间谷道幽深，风景优美，气势雄浑。

探索古文明 中国

的社会经济形态,并且两种经济形态在国家经济和社会生活中比重相当;反映到政治制度上,也与前两类北方民族政权有别,其主要特征是"北南面官制"。

辽与金、元同为北方民族所建立,时代相接,也常与后者并列,但就制度体系而言,实有较大差距。辽虽占有大片汉族聚居的地区,但统治重心总体来看仍在草原。皇帝四时捺钵(辽帝四季行在之所),流动理政,政府官员分南北,双轨治国,其国家体制表现出明显的二元性。相比之下,金、元的统治重心已经进入中原,其制度虽也有二元色彩,但两种不同来源的制度并非各自独立,单成系统,而是被配置在同一运转体系当中协调运作,其体系就整体而言仍为传统的中原制度。

北南面官制与四时捺钵

辽的官制有所谓"北面""南面"之分,指的是官衙与皇帝殿帐的位置关系:契丹人拜日,殿帐朝东向,一侧为南,一侧为北。如同中原封建王朝官制分左右一样,辽的也是只有"随驾"的官员才分南北,部族官、方州官不随驾,因此也就无所谓"北面""南面"。

官分南北是辽统治者为适应对从事游牧业、农业两种不同经济类型居民的管理,"因俗而治",在统治机构设置上采取的措

白釉盘口穿带瓷壶·辽

这件瓷壶出土于辽代重臣耶律羽之墓,此壶的独特之处在于壶体两侧有两条带槽的凸棱,可以用绳索穿入,供骑马时便捷携带,具有浓郁的游牧民族特征。

第七章 金戈铁马踏出的王朝：辽・西夏・金・元

施。"北面治宫帐、部族、属国之政"，处理契丹各部和其他游牧、渔猎部族事宜，长官由契丹贵族担任，办事机构在皇帝御帐的北面；"南面治汉人州县、租赋、军马之事"，管理汉人、渤海人事务，长官由契丹贵族、汉人和渤海人中的上层担任，办事机构在皇帝御帐的南面。北南面官分而治之，"以国制治契丹，以汉制待汉人"。但北面官是统治重心，契丹国的统治大权集中在北面官手中，是辽政权体制中的一个重要特点。

> "捺钵"是整个辽国的政治中心，不仅有关游牧各部的重大问题要在这里决策，汉地一切重要政务也都要从这里取旨处理。

辽圣宗时，辽已建有上京、中京、东京、南京四京。重熙十四年（1044），辽兴宗升后晋所割让的云州为西京，于是五京俱备。辽初，以上京为首都。中京建成，遂取代上京成为辽的都城。但是，游牧的契丹人所建的国家，具有行国的基本特征。它的政治中心其实并不在具有城国特征的五京。五京是用来统辖州县的，治理重点是汉人和渤海人。五京各有特点，作用也不尽相同。上京临潢府是辽太祖创业之地，是辽国内部四部族的游牧地。后又迁入了大批汉人和渤海人，农业、手工业、商业都有一定发展。东京辽阳府用以控制渤海、女真，备御高丽。西京大同府备御西夏和西南各游牧部族。中京大定府、南京幽都府经济发展水平略高，多设财赋官，对辽的经济有举足轻重的影响。

辽国虽然建立了汉族模式的王朝，但皇帝仍然保持着先人的游牧生活传统，居处无常，四时迁徙。大部分贵族和高级官员皆随皇帝而行，捺钵成为国家政治中心，又称"行朝"。辽国皇帝以及大部分贵族和高级官员一年四季往返于四时捺钵之间，辽圣宗以后更成为定制。"捺钵"是整个辽国的政治中心，不仅有关游牧各部的重大问题要在这里决策，汉地一切重要政务也都要从这里取旨处理。辽国的政治中心也随着皇帝的行踪转移。

探索古文明 中国

承天太后

公元 953 年—公元 1009 年

辽国历史上掌握最大权力的太后不是述律后，而是承天太后萧燕燕。萧燕燕时代，达到官位顶峰的大臣是汉臣也是其故交韩德让，后世常传说他们二人的爱情故事，虽然这故事或许子虚乌有，但君臣相得，共同缔造了契丹族的盛世，却是不争的事实。

助夫秉政

萧燕燕，汉名叫绰，燕燕是她的契丹名，或说是小字。其父萧思温是相当汉化的契丹贵族，学问很深，历任高官要职。萧燕燕自幼聪明过人，是位喜爱读书、性格执拗的姑娘。传说萧思温曾将燕燕许配给韩德让。韩德让是阿保机时代著名汉臣韩知古的孙子，其自幼喜读汉文典籍，文化修养深厚，名冠一时。但是应历十九年（969），辽穆宗耶律璟被刺，萧思温等拥立世宗次子耶律贤为帝，为了报答拥立之功，耶律贤提出选萧燕燕为贵妃。这年，萧燕燕十七岁。

辽景宗耶律贤从小患病，身体虚弱，经常不能临朝断事，朝政大权逐渐转移到被册封为皇后的萧燕燕手中。萧燕燕励精图治，日夜操劳，深得朝廷上下的拥戴。辽景宗对此并不嫉恨，反而为拥有这样一位智勇双全的皇后作为自己政治上的代理人而感到庆幸。保宁八年（976），辽景宗特意下诏给史馆学士，决定自此以后，记录皇后之言亦当称"朕"，把萧燕燕摆到和自己同等的位置上来。

第七章 金戈铁马踏出的王朝：辽·西夏·金·元

射骑图·辽·李赞华

辽国军队大体分为宫帐军、部族军、京州军和属国军四部分。宫帐军是辽国皇帝亲军，装备最为精良；部族军主要由契丹以外的部族青壮年组成，主要负责戍边及征战；京州军，主要由辽国五京道各州县的汉族、渤海族的壮丁组成；属国军则由臣属国壮丁组成。此图现藏于中国台北故宫博物院。

保宁十一年（979），宋太宗灭亡北汉后继续北上，进攻辽国，包围了南京（今北京），韩德让代父韩匡嗣守城，与援军内外夹击，在高梁河大败宋军，从此扬名天下。乾亨四年（982），辽景宗病死，临终传位给他和萧燕燕所生的儿子耶律隆绪，并且颁诏说："军国大事听皇后命。"

辽设南北两院，北院处理契丹等游牧民族的事务，南院处理汉族事务，身兼两院枢密使的，只有韩德让一人，并且韩德让还受拜大丞相，总理朝政，这是辽历史上绝无仅有的。韩德让没有辜负萧太后的期望，他和耶律休哥等大将通力合作，弥合民族矛盾，劝农桑，修武备，使辽达到前所未有的盛世。

探索古文明 中国

数败宋军

统和四年（986），宋军来袭。萧太后派驻扎南京的耶律休哥抵挡宋朝的东路军，命大将耶律斜轸率兵抵挡宋朝的西路军，自己则临危不乱，沉着应战，带着儿子亲临前线，指挥作战。随即她综观全局，毅然决定以主力对付宋朝的东路军，并在涿州西南的岐沟关将其击败。东路军一败，宋朝的中路军难以支持，很快溃退。萧太后又全力对付宋朝的西路军，设伏在陈家谷口，大获全胜。

统和二十二年（1004）萧太后亲自率军南攻宋朝，双方对峙于澶州（今河南濮阳）。因为宋真宗亲临前线，宋军士气高昂，再加上辽先锋大将萧挞凛不慎中床子弩而死，最终议和退兵，这就是历史上著名的"澶渊之盟"。1009年，萧太后去世，史称"承天太后"。其子耶律隆绪亲政，是为辽圣宗。他依旧礼敬韩德让，但韩德让不久也去世了。在耶律隆绪统治时期，辽的政治与经济再上一个高峰。

天祚帝亡国

天祚帝，即耶律延禧，是辽道宗之孙。天祚帝即位之时，正值女真民族开始强大，其首领完颜阿骨打反辽之意日渐明显。天祚帝却毫无察觉，

🌀 三彩罗汉像·辽

反而宠信奸臣，致使辽陷入了内外交困的境地。天庆五年（1115），天祚帝率军征讨女真时遭到惨败，辽军主力覆灭。此后，女真开始不断向辽发起进攻，天祚帝只好向西逃窜。保大五年（1125）二月，天祚帝被金军俘虏，辽灭亡。辽宗室耶律大石率部远走，在中亚地区建立了西辽王国。

李元昊建西夏

公元 1003 年 – 公元 1048 年

李德明病逝后，其子李元昊在兴州（今宁夏银川）继位。元昊是一位已经汉化的党项族领袖。他自幼好读书，接受汉族的进步文化，通晓汉、藏两族文字和语言。李元昊少年时即善于思索、谋划，对事物有着独到的见解。

李元昊，小字嵬理（党项语"珍惜富贵"的意思），后更名曩霄。他就是后来建立西夏的夏景宗。

少年老成

李元昊生于宋咸平六年（1003）五月初五。出生的第二年，他的祖父李继迁就去世了。少年时的李元昊是在一个比较平和的环境中成长起来的，受过很好的教育，文武双全，智谋过人。他对父亲李德明奉行的睦宋政策很不理解。父亲李德明曾对他说："我长期以来领兵作战，已经感到疲惫了，我们这个部族三十年来身穿锦绣，享受富贵，都是宋朝的恩惠，不能辜负呀！"李元昊反驳父亲："身穿皮毛，从事畜牧，是我们部族的天性，英雄在世，应当做一番称王称霸的事业，哪能只为了锦绣呢？"时任宋朝边将的曹玮，十分仰慕李元昊的风采，却总是无法见到，于是派人暗中偷画了李元昊的画像，得见人物样貌后，由衷地惊叹："真英雄也！"

宋天圣六年（1028），李德明进攻甘州（今甘肃张掖）回鹘政权。时年二十四岁的李元昊在战役中崭露头角。以甘州为中心的回鹘政权和占据西凉

探索古文明 中国

泥金书西夏文佛经册页·西夏

的吐蕃都是宋朝挟制党项的盟友，李德明为了使西夏政权得以巩固和发展，便以攻占河西走廊为战略，进兵回鹘。李元昊担当西攻的重任。他用突袭的方式，使回鹘可汗来不及调派兵力，甘州城即被攻破。随后，瓜州（今甘肃酒泉）、沙州（今甘肃敦煌）也相继归附西夏。在班师回朝的途中，李元昊又以声东击西的战术，一举突破西凉。夺取甘州、西凉的胜利，使党项的势力扩展到了河西走廊。李元昊也因战功显赫而被册封为太子，赢得了族人的广泛赞誉。

新的西夏王朝

宋明道元年（1032），李德明病逝。李元昊以太子的身份和卓越的军事才干取得了党项政权的最高统治权。此时的西夏国土，东起黄河，西至玉门关，南接萧关，北临大漠，方圆两万余里，与宋、辽形成了三足鼎立的局面。

李元昊继位后，不断向河西扩展，迅速控制了全部河西走廊和今甘肃东南地带。在这片广袤的土地上，生活着回鹘、吐蕃及大多数的汉人。汉人先进的生产技术带动了少数民族从事农业生产，使得甘州和西凉一带，既是放养良马的牧场又是肥沃的农业生产区。

李元昊为了强化民族意识，增强党项族内部的团结，首先放弃了唐、宋王朝赐封给其祖的李姓、赵姓，改姓嵬名，自称"兀卒"（青天子）；李元昊自认是鲜卑拓跋氏的后代，为遵从祖先保持旧俗，下令秃发。他率先剃发并穿耳戴重环饰，以做典范。秃发令颁布三日，限期内不秃发者，一律处死。党项民众纷纷效法。

明道二年（1033）五月，李元昊改兴州为兴庆府，大兴土木，扩建宫城殿宇。他吸收汉族知识分子，仿照中原王朝的礼仪，设立文武百官。皇帝之下的中央政府机构设立中书省、枢密院、三司、御史台、开封府、翊卫司、官计司、受纳司、农田司、群牧司、飞龙院、磨勘司、文思院、蕃学、汉学等，职责、制度与宋代官制基本相同。李元昊委派党项人和汉人共同担任各级官员，封党项贵族功臣为"宁令"（大王）、"谟宁令"（天大王），后来又实行中原王朝的封王制度，规定文官戴幞头（帽子的一种）、着靴、穿紫色或红色衣服、执笏板，武官则在冠帽上区别等级。无官职的庶民百姓穿青、绿色的衣服。

为了进一步确保新政权的稳固与安全，李元昊还建立了一支五十余万人的骑兵队伍，以兴庆府为中心，向外呈三角状辐射，对宋、辽及吐蕃和回鹘进行防卫。

从公元1032年开始，李元昊用了6年时间为建国称帝做准备。

公元1038年十月，李元昊在兴庆府南郊筑祭坛，在亲信大臣的拥戴下，即皇帝位，国号大夏，改元天授礼法延祚。西夏王朝正式建立。这一年，李元昊三十五岁。新兴的王国巍然屹立在大宋朝廷的西侧，与辽、宋形成了分庭抗礼之势。

兴盛的西夏文明

党项族在内迁之前主要以畜牧和狩猎为生，逐水草而居，没有固定的住所。随着民族融合的发展，党项人学会了农业生产。农业渐渐成了党项社会中的主要生产部门。在汉唐以后，开始屯田，兴修水利；李继迁占领灵州时

探索古文明 中国

下令修筑黄河堤坝,开凿疏通汉唐旧渠,引水灌田;李元昊建国,又修筑了自青铜峡至平罗的水利工程,后人称之为"昊王渠"或"李王渠"。党项人使用的农业生产工具也呈现出多样的色彩,犁、铧、镰、锄、锹、耧、耙、碌碡、碓等,不一而足。用这些工具,党项人收获了大量的农作物,麦、大麦、荞麦、芥菜、香菜、茄子、胡萝卜、葱、蒜等,种类繁多。随着农耕经验的日益丰富,即使在遇到灾荒或者贫瘠的状况时,党项人依然能够从容应对。从事农业生产后,西夏的畜牧业、手工业也有了长足发展。

西夏在国家机构中增设了金作司、刻字司、织绢院、出车院等。在各类手工业生产部门中,到处可见党项工匠的身影。西夏还开设了大量固定的集市,扩大民间贸易的规模。由于北宋王朝同中亚的贸易,陆路必须通过西夏,因此西夏的商业贸易十分活跃。西夏政权适时地设立了通济监,管理钱币的发行,使市场流通更趋于规范。

党项族以前没有文字,在内迁之前,还处于原始文化发展阶段;内迁之后,吸收了包括汉族在内的各民族文化成分,博采众家之长——先是用自创的西夏文研读汉人的书籍,翻译大量经典著作:《论语》《孟子》《孙子兵法》《贞观政要》以及佛经《华严经》《妙法莲华经》《大般若波罗蜜多经》《金刚经》等,随后又兴办太学,推崇孔子的儒家学说。汉族的文化和宗教思想在西北边区得到了广泛的传播。

青铜三足炉·西夏

黑水城出土,俄罗斯艾尔米塔什博物馆藏。炉口为菱花式,下承三足,三足与炉身以铆钉相连接。此炉造型工整,制作精细,充分反映了党项工匠的高超技术。

第七章 金戈铁马踏出的王朝：辽·西夏·金·元

西夏灭亡

公元 1227 年

夏仁宗去世后，西夏也开始步入了由盛转衰的时期。内乱不断，外患频频，国力衰弱，在强大的蒙古兵团的不断打击下，西夏终于灭亡了。

西夏大德五年（1139）夏崇宗去世，夏仁宗即位。仁宗在位期间，仰慕汉族文化，推行儒家治国，对外与宋金维持和平，西夏的经济文化有所发展。

乾祐二十四年（1193）夏仁宗去世，长子纯祐即位，是为桓宗。桓宗即位后，大体遵循仁宗时期的大政方针，继续推行附金和宋的政策。桓宗在位的最后一年，天庆十三年（1206），铁木真带领的蒙古国兴起并逐渐壮大。来自蒙古国的威胁迅速地将西夏推向衰亡的历史进程。

盟友兵戎

天庆三年（1196），仁宗的弟弟越王李仁友亡故。仁友之子李安全上表请求承袭

镂空人物纹金耳坠·西夏

耳坠长4.2厘米，正面镂空雕刻人物及花朵。每件雕刻三人，居中者为坐像，左右均站立，是一佛二菩萨造型。背部有弯钩，方便佩戴。

探索古文明 中国

越王的爵位。桓宗没有同意，将其降为镇夷郡王。李安全心怀不满，萌动篡位夺权之心。天庆十三年（1206），李安全与桓宗的母亲罗太后密谋，废桓宗。三月，桓宗暴病而亡，李安全即位，是为襄宗。襄宗执掌政权后，蒙古军再三入境骚扰。

应天四年（1209）春，蒙古铁骑在大汗铁木真的率领下，南征西夏。四月，攻陷兀刺海城。七月，进逼中兴府。襄宗派兵五万抵御，相持两个月，后被蒙古引水灌城。成吉思汗派使者入城谈判，襄宗称臣，并嫁宗室之女和亲。

蒙古接连不断的用兵，促使西夏改变了长期与金结盟友好的策略，开始依附日渐强大的蒙古，对金国开始了长达十余年的战争。兵戎相见，夏金双方均损失惨重，深陷战争的泥潭。西夏国内的阶级矛盾亦随之进一步激化。

光定元年（1211），皇族齐王李遵顼发动宫廷政变，废襄宗安全，自立为帝，是为神宗。神宗当政后，全盘承袭了襄宗安全的亡国政策：坚持附蒙古抗金。西夏国内，随着战事不断，经济凋零，矛盾、危机重重。联蒙抗金没有解除西夏潜藏的危机，反而让蒙古对西夏垂涎不止，多次借机出兵围攻西夏。神宗为了逃避大敌当前的现实，匆忙将帝位传给儿子德旺，自

西夏黑水城遗址

黑水城建于西夏政权时期，曾是西夏和元的重要城堡。自明朝初年被废弃后，在沉寂的戈壁沙漠中沉睡了600年。

第七章 金戈铁马踏出的王朝：辽·西夏·金·元

称太上皇。德旺即是献宗，继位时四十三岁。

听闻蒙古征伐西域未还，继位的献宗派遣使者与漠北各部落进行联络，打算结成抗击蒙古的联盟，以牵制蒙古军的入侵。西域战事结束，成吉思汗获悉西夏联合漠北的活动，亲自率兵进攻西夏沙州（今甘肃敦煌东），攻了一个月，未能攻克。接着，他派大将木华黎之子孛鲁等从金国战场转攻西夏银州（今陕西米脂境，守将不敌，夏兵死伤数万，数十万牲畜遭掠夺。献宗派使者向蒙古请降。

联金抗蒙

经历了蒙古的沉重打击后，献宗认识到，要使国家继续存在和发展，必须改变国策，联合盟友，共同抗蒙。

献宗采纳了右丞相高良惠联金抗蒙的提议，派遣使者南院宣徽使罗世昌等赴金议和。乾定元年（1224），两国停止了多年的征战，达成议和：西夏奉国书称弟，以兄弟之礼事金，各用本国年号，遇战事双方互相支援。

此时的夏金两国，经历多年的战争，都已兵虚财尽，国力大不如前。即使联合抗蒙，也无法抵御蒙古铁骑的进攻。夏金的灭亡亦只是时间的问题。

佛像壁画·西夏

早在西夏建立前，佛教便在党项族内流行。1037年，李元昊下旨规定每年4个孟朔日（每年正月、四月、七月、十一月的初一）为"圣节"，届时西夏官吏和百姓必须拜佛，为其诵经求福，并广建佛寺。此后历代西夏君主大多崇信佛教，开凿兴建了大量的石窟、寺院。

天命覆亡

与金国相比,西夏国力更弱,它首先成了蒙古掠取的目标。

成吉思汗从西域回到漠北,得知献宗收纳其仇敌赤腊喝翔昆,而且不派遣质子,决定大举讨伐西夏。成吉思汗率领十万大军攻入西夏,很快就占领了西夏的军事重镇黑水、兀剌海等城。

蒙古大将阿答赤率军与畏兀儿亦都护进攻沙州,被西夏诈降迷惑,兵败。蒙军稍作休整,又全力强攻。沙州军民在守将籍辣思义的率领下,顽强抵抗。蒙军于夜间挖地道攻城,被夏军识破并纵火,伤亡惨重。经过一个月的坚守,沙州城破。接着,蒙军攻占肃州城。不久,太上皇李遵顼亡故。次月,蒙军乘胜进攻甘州,甘州城军民奋力抵抗,终于不敌,守将战死。之后,蒙军又攻西凉府,守将不敌,战败投降。

经过蒙古军接连的攻占,西夏所属的河西地区,几乎全部沦陷。献宗眼见蒙古军大举进犯,锐不可当,忧悸不知所措,不久病逝。末主李睍继位。此时的西夏国,已然日薄西山,奄奄一息。成吉思汗没有停下脚步,而是兵分两路向夏国首都中兴府挺进,准备一举攻占都城,灭亡夏国。

蒙军抵达中兴府后,成吉思汗留下攻城军队,自己率部南下,渡过黄河,攻打积石州,进入金国境内。

中兴府被蒙军围困,外援被阻断。一筹莫展的末帝召右丞相高良惠来委以重托,高良惠"内镇百官,外励将士",与军民日夜拒守。但不久,高良惠积劳成疾而亡。成吉思汗回师后,派使者察罕去中兴府劝降,被李睍回绝。经过半年的围困、对峙,中兴府弹尽粮绝,军民疲惫不堪。此时,西夏又发生强烈地震,房屋纷纷倒塌,瘟疫流行蔓延,守军无力抵抗。李睍派遣使者请降,并以"备贡物,迁民户"为由,企盼宽限

> 在西夏统治者的倡导下,党项族是同时期接受汉文化比较多的一个名族,可以说西夏文化的核心是儒家文化。

一个月。蒙军同意。不久,夏国末主李睍率领文官李仲谔、武将嵬名令公等出城归降。

公元1227年,成吉思汗病故。蒙军遵照遗嘱,杀西夏末代君主李睍及降臣,西夏灭亡。

西夏重镇——黑水城

黑水城,一座湮灭在历史长河中的古城,位于内蒙古额济纳旗达来呼布镇东南25千米的荒漠中。它是西夏王朝的北部重镇,也是连接河套和中亚地区的交通要道。干燥的气候和干燥的土壤,使黑水城的古代遗物都完好地保存了下来,其中,有许多是极为珍贵的历史文物。而令人遗憾的是,在中华人民共和国成立以前,已有大量珍贵文物被国外的"探险家"们盗掘走了。最早来到黑水城挖掘宝物的是俄国的探险队。1909年,俄国人科兹洛夫,受俄国皇家学会的派遣,率领探险队来中国探险。他曾三次来到黑水城,进行了大范围的盗掘,获得了大量西夏文书和元代纸钞等珍贵文物。步科兹洛夫的后尘,美国、瑞典、法国、日本等国家的"探险队""考察团"相继来此考察、挖掘,致使黑水城遗址遭到更大的破坏,大量的珍贵文物都先后流散于世界各地。中华人民共和国成立后,黑水城遗址受到国家的高度重视和重点保护。从20世纪60年代起,中国的文物工作者曾多次到黑水城进行科学考察。20世纪80年代初,又对古城遗址进行了长达两年时间的科学勘探和考古发掘工作。出土的遗物以古代文书为主,有汉文、西夏文、畏兀尔蒙文、八思巴文、藏文和古波斯文等各种不同文字的文书,共计3000余件。其中,汉文文书最多,有2200余件。黑水城出土的大量文书全面、真实地反映了当时的社会状况和当地经济、文化的发展水平。这些文书,不仅是极为珍贵的古代文物,也是黑水城历史沿革的最好见证。

完颜阿骨打建金

公元 1068 年 – 公元 1123 年

辽天庆三年（1113），女真部落联盟首领乌雅束亡故。完颜阿骨打继任都勃极烈成了女真新的统帅。他是一位在战斗中成长起来的军事家，在女真抗击辽国的征战中立下了汗马功劳。对于契丹辽国的统治，他一直充满着怨恨与不满。

突破牢笼，谋求自立

女真已经被辽国统治了上百年，奴役与压迫必然带来反抗。摆脱异族的奴役成了女真的人心所向。

阿骨打继位后，向辽国表示出强硬态度。此外，他还率领日渐强大的女真族向外进行大规模的掳掠和扩张，并创建猛安谋克制度，用以壮大自身，同时与契丹抗衡。

天庆四年（1114）六月，辽国天祚帝封阿骨打为节度使。阿骨打接受辽朝授予的官职，将其作为开展反辽斗争的身份掩护，为反辽进行积极的筹划。

为了抑制阻挠女真联盟的继续扩张，辽国收留了因不服从阿骨打约束而叛逃的部落首领阿疏。阿骨打多次派使者到辽国索要未果，遂与辽国产生了纷争。辽从叛逃的阿疏口中获悉了完颜氏密谋伐辽活动后，立即派使者前去责问，阿骨打强硬地表示如果不交还阿疏，一切条件免谈。女真对辽国的态度，已经昭示：女真部族的尊严不容践踏，如果辽国横加干预，那么即使与其决裂也在所不惜。对辽国的挑战已初见端倪。

第七章 金戈铁马踏出的王朝：辽·西夏·金·元

揭竿而起，建国大金

此时的辽国仍然对女真进行着残酷掠夺，而且变本加厉。捕捉海东青，纳贡珍珠，敲诈勒索，压得百姓不堪重负。阿骨打准备正式起兵。在起兵前，他表面继续与辽进行交涉，暗地里则紧锣密鼓地统一各部落首领的思想。

天庆四年（1114）九月，阿骨打集合女真军队2500人在来流河畔誓师起兵。这次战役，在宁江州城外进行，女真军队首先与辽将耶律谢十遭遇。阿骨打沉着指挥，身先士卒，适时出击，亲自射杀了辽主将耶律谢十，女真士气大振。辽军不敌，弃城而逃，被女真军追击歼灭。十月，宁江州城破，阿骨打获得了起兵反辽后的第一场重大胜利。辽国天祚帝得知宁江州失守的消息后，并没有重视。不久，辽国大将再次战败的消息传来，天祚帝才决定这一年十月，以萧嗣先为都统，率领十万大军迎敌，企图歼灭女真。

阿骨打闻讯后，主动出击，抢渡到辽军即将屯军的鸭子河，迎敌于出河店。当时正值十一月，阿骨打趁辽军尚未列成阵势，便从三面包抄发起进攻。辽军大乱，未战而溃。阿骨打掠得车马辎重不计其数，取得了出河店战役的全面胜利。至此，女真军队已从最初的2500人发展到超过10000人，士气高涨，军威大振。

公元1115年正月，阿骨打正式称帝，国号大金，改元收国，定都会宁。

🍃 金上京会宁府城垣遗址

探索古文明 中国

一代天骄成吉思汗

公元 1162 年—公元 1227 年

数百年来，蒙古大草原上众多的游牧部落间互相厮杀掠夺，纷争迭起。出身蒙古乞颜部贵族世家的铁木真乘势而起，统一了整个蒙古草原。铁木真被推举为成吉思汗，建立了统一的大蒙古国。成吉思汗通过创建一系列的法令典制，实现了大蒙古国秩序化、规范化的管理。接着，为了巩固在漠北草原的霸主地位，他征服西夏，收复西北诸部，西征花剌子模，拉开了大蒙古国对外扩张的帷幕。

铁木真统一草原

蒙古族的历史最早可以上溯到唐代，他们生活在东北黑龙江流域，史称"蒙兀室韦"。大约在唐代末年，他们逐渐迁徙到了蒙古大草原，并很快发展壮大，逐渐形成与其他部族群分庭抗礼的一方势力。

铁木真出身蒙古乞颜部贵族世家，他的父亲也速该是合不勒汗的孙子，有拔都（蒙古勇士）的称号，是乞颜部的首领。也速该曾在战争中俘获了塔塔儿部的首领，后来被塔塔儿人毒死。也速该死后，九岁的铁木真和几个弟弟与母亲相依为命，度过了数年艰难的生活。成年之后，他与父亲的老盟友弘吉剌部特薛禅的女儿孛儿帖结婚，并开始着手召集父亲的旧部。为了寻找机会东山再起，他曾依附势力强大的克烈部首领脱里（曾被辽封为"大王"，故又称王罕），将父亲的旧部重新召集到了一起；又和札答阑部首领札木合结为安答（结义兄弟），随他游牧放马。在此期间，蔑儿乞部曾抢走

第七章　金戈铁马踏出的王朝：辽·西夏·金·元

了铁木真的妻子和家人，他借助王罕和札木合的帮助，攻打蔑儿乞部并大获全胜，战争的胜利使他的势力进一步壮大。与此同时，铁木真笼络人心，招徕人马，最终脱离了札木合，潜心发展自己的势力，建立自己的斡耳朵（宫廷营帐），逐步复兴了乞颜部。公元1189年，铁木真被推举为乞颜部的首领。

> 成吉思汗雄才大略，史学家对他有"深沉有大略，用兵如神"的赞誉。

铁木真势力的逐渐壮大，引起了蒙古其他部落对他的攻伐。蒙古泰赤乌部联合铁木真昔日的义兄札木合部攻打铁木真。铁木真竭其所能，组织十三翼军队进行对抗，这就是著名的"十三翼之战"。由于力量对比悬殊，铁木真战败。但由于泰赤乌部首领对部下的残暴使得泰赤乌部部分部众脱离了泰赤乌部，前来投靠对部下宽厚体恤的铁木真，这让铁木真的势力进一步壮大。此后，铁木真在王罕的支持下，先后击败了泰赤乌部和札木合部，形成了蒙古各部的统一局面。统一蒙古各部之后，铁木真开始了与草原其他族群的征战，并终于取得了蒙古草原的统一。

建立蒙古国

公元1206年，铁木真在斡难河（今蒙古国鄂嫩河）河源搭建大帐，举行了规模浩大的忽里台大会。铁木真被推举为成吉思汗，成为草原上的最高统治者。成吉思汗以其部落名称为国号，建立了大蒙古国。元朝把这一年定为本朝的开始，铁木真也被追谥为元太祖。

铁木真被推举为成吉思汗之后，首先就各部的治理问题进行了初步的规划，创立了千户授封制度，把蒙古各部牧民统一划分为十户、百户、千户三级，一共划分出95个千户，并划定了各千户的范围。此外，铁木真还创立了怯薛制度。为了加强蒙古的兵力和大汗的权力，成吉思汗特意从贵族子弟和

探索古文明 中国

一部分平民子弟中，挑选身强力壮、武艺精良的青年，对原来的护卫军加以扩充，形成了1万人的怯薛军。它包括1000名宿卫、1000名箭筒士和8000名散班。这支军队纪律严格，也享有非同一般的特权。每个成员都由成吉思汗亲自挑选，主要是各百户长、千户长及其他官员子弟。这支军队由成吉思汗直接统领，又称"大中军"，是蒙古军队的精锐，也是控制地方的主要武装力量。

随着统治地域的扩大、势力的壮大，铁木真也逐渐感受到文字和法律的重要性。铁木真重用俘获的畏兀儿人塔塔统阿，创立了畏兀儿体蒙文，此后又下令教授蒙古贵族子弟学习这种新创制的蒙古文。直到元世祖忽必烈命帝师八思巴创制的蒙古字颁行，官方文书才停止使用畏兀儿体蒙文。文字的创制无疑为法律的制定创造了条件。公元1210年，成吉思汗听取臣下的意见，仿照汉人的成文法形式，制定并颁布了蒙古历史上的第一部法规《条画五章》。公元1219年，成吉思汗召集大会，命人将自己的训言、法令和传统体制写在纸卷上，进一步规范化，定名为《大札撒》（命令或法令，蒙语音为札撒）。在西征归来之后，成吉思汗正式颁布了《大札撒》，并要求后世的大汗、王公大臣以至平民百姓都要遵守。凡新大汗即位或者诸王共议国家重大事情都要先诵读《大札撒》。

对外征服和扩张

蒙古国建立之后，成吉思汗面临的一个重要问题就是摆脱金国的统治。但是，此时金国的实力强劲。因此，铁木真审时度势，决定先消灭西夏政权。早在建国的前一年（1205），成吉思汗就曾对西夏边境发动了第一次掠夺性进攻，抢夺了大量人口、牲畜，可以说这是一次探明虚实的接触战。在蒙古国建立后的第二年（1207），成吉思汗再次发动了掳掠战争，却最终因粮草不济而退兵。此后，成吉思汗多次发动对西夏的进攻，并在战争中逐

第七章 金戈铁马踏出的王朝：辽·西夏·金·元

渐占据上风，西夏丧失了河州、瓜州、甘州、肃州、凉州等地区。蒙古西征胜利后，成吉思汗借口西夏迟迟不纳人质，六十五岁高龄的他亲率大军第六次攻打西夏。战争异常激烈残酷，西夏先后失去灵州、盐州，江山岌岌可危。公元1227年正月，成吉思汗发动了对西夏的最后一击。同年六月，西夏遭遇了严重的地震和瘟疫，几乎是穷途末路；此时成吉思汗在六盘山区的清水（今甘肃清水）患了重病，在西夏投降前不久病亡。西夏末帝李睍投降后，蒙古诸将根据成吉思汗遗命，杀死所有西夏王室权贵，西夏就此灭亡。

灭亡西夏后，蒙古的兵锋开始指向金国。早在建国之前，成吉思汗就对金国的政治腐败、兵备松弛、内部矛盾等情况有所了解。公元1211年春，蒙古开始进攻金国。二月，成吉思汗在龙驹河誓师伐金，越沙漠南行，以东、西两路呈钳形进攻。他亲率大军从东路进攻，其子术赤、察合台、窝阔台组

元太祖成吉思汗像·元

《元史·太祖本纪》对成吉思汗的评价是："帝深沉有大略，用兵如神，故能灭国四十，遂平西夏。其奇勋伟绩甚众，惜乎当时史官不备，或多失于记载云。"

成西路军，沿途攻克了不少州城，并对金中都（今北京）形成包围之势，掳掠了大量的人口、牲畜和财物而退。成吉思汗此后连续三年对金用兵。数年之间，蒙古军攻破九十余郡，迫使金把都城从中都迁往开封，并向蒙古进献金帛、马匹等。公元1217年，成吉思汗封木华黎为太师、国王，命他"招集豪杰，勘定未下城邑"，统领诸军专征金朝。成吉思汗在统一漠北草原的时候，除了前面讲到的一些强大部落之外，西北部还有许多小部落。比如乃蛮部被铁木真打败之后，其首领屈出律（太阳罕之子）逃到西辽，篡取了西辽的政权，继续与蒙古对抗。公元1218年，成吉思汗派大将哲别前去征讨，屈出律被当地民众抓住并交给了蒙古军，西辽国土也由此归属了蒙古国。

平定西北诸部为蒙古国打开了入侵中亚、欧洲的通道，与中亚强国花剌子模进行了激烈的较量。花剌子模讹答剌城（在今哈萨克斯坦境内）守将杀死了成吉思汗派往花剌子模进行交易的四百多名商人。这件事本就激怒了成吉思汗，而花剌子模又斩杀了一名前去交涉此事的蒙古正使。成吉思汗当即派木华黎主持对金国的战争，亲率大军20万出征花剌子模。成吉思汗统率大军越过阿勒台山，兵分四路大举进攻花剌子模。不久，蒙古大军攻克花剌子模的新都撒马耳罕，守军献城投降。成吉思汗下令将投降的官兵3万余人全部杀掉，蒙古军最终吞并了花剌子模。

成吉思汗雄才大略，史学家对他有"深沉有大略，用兵如神"的赞誉。在近50年的戎马生涯中，他用智慧、胆略和才干征服了整个北方草原。在他奠定的坚实基础上，他的后代建立了横跨欧亚大陆的世界性大帝国，为中西方文化、宗教、经济等方面的交流开辟了畅通的渠道。另一方面，战争具有残酷性，征战中大规模屠杀本地居民，毁灭城镇田舍……不论蒙古人民还是其他被征服的人民，都为此付出了惨重代价。

第七章 金戈铁马踏出的王朝：辽·西夏·金·元

忽必烈建元

公元 1215 年—公元 1294 年

成吉思汗之后，四大汗国各霸一方，拥兵自重，甚至与中央政权相抗衡。此时，又出现了一位具有雄才大略的君主，他就是元世祖忽必烈。忽必烈顺应历史发展的潮流，最终定鼎大都（今北京），改蒙古国号为大元，开始了蒙古族在中华大地的统治，一个统一的多民族国家形成了。这是中国历史上第一个由少数民族建立的全国性政权。

元朝的建立

蒙古国大汗孛儿只斤·蒙哥于公元1259年七月死于合州，被追谥为桓肃皇帝，庙号宪宗。蒙哥死后，他的同母弟弟忽必烈、阿里不哥开始为争夺汗位做准备。当时，忽必烈奉命攻打南宋的鄂州（今湖北武汉），闻讯后，立即召集谋士商议。他听从汉人建议，一方面迎蒙哥灵车，取得大汗宝玺；另一方面与南宋权相贾似道秘密达成和议撤军。阿里不哥当时留守北方，认为忽必烈和旭烈兀都远征在外，正是夺取汗位的大好时机。他一方面派人安抚忽必烈，另一方面则匆匆在漠北召开宗王大会，企图捷足先登。忽必烈此时也已从南宋撤军北还，到达燕京附近，召集诸王和大臣，决定与阿里不哥争夺汗位。忽必烈先下令疏散阿里不哥征集的军队，然后于公元1260年三月召集东、西两道诸王，在开平城召开忽里台大会，宣布继位，称薛禅汗，五月，定年号为中统。早在四月，阿里不哥已在诸多宗王的支持下于和林召集忽里台大会，宣布继位。双方由此展开了正面的争夺，经过一系列激烈的战

探索古文明 中国

元世祖忽必烈像
正是在忽必烈的努力之下，幅员辽阔的统一多民族国家——元朝才得以建立。

争，忽必烈取得了最后的胜利。

忽必烈是拖雷的第二子，早年他便用心学习中原文化。蒙哥继位之后，忽必烈总理漠南汉族地区事务。忽必烈听取汉族谋士的建议，惩办贪官污吏，遵循法制，奖励农桑，使北方地区社会逐渐安定，经济恢复发展。

忽必烈继位之后，忙于与阿里不哥争夺汗位的战争，将南方事务暂时搁置。汉蒙交界地区的一些地方势力乘机发起了动乱，这使忽必烈认识到，这些长久以来掌握实权的地方势力是新王朝有效地巩固和强化自身统治的极大障碍。他当机立断，平定山东李璮的叛乱，并以此为由，推行了一系列措施。首先，为了分散地方势力之权，他实施了兵民分治制度，很多地方势力都被夺去兵权，只保留文职；其次，他取消了地方势力职务的世袭制度，把军权集中控制在中央政府的手中，从而有效地遏制了地方割据势力。

此后，忽必烈逐渐开始按照中原封建王朝的传统模式进行制度性调整。他先后为官员的升迁、职位等级以及俸禄、考核等制定了一整套制度；同时以燕京（今北京）为中都，设置中央机构和地方行政区划，制定百官礼仪制度，颁布新的国家法令。所有这一切，逐渐让北方地区重新纳入了秩序化、规范化的统治体系。至元八年（1271）十一月，忽必烈将"大元"国号颁行天下，第二年，又改

第七章 金戈铁马踏出的王朝：辽·西夏·金·元

称中都为大都，作为元朝首都。在经历多年的战乱之后，在中国北方大地上一个统一的中央政府逐渐形成。

统一全国

忽必烈在北方的统治逐渐稳固后，便将对南宋的征伐列入下一个计划。忽必烈督造船只、整编军队，为消灭南宋做了积极的准备。忽必烈在总结前人攻宋得失的基础上，制定了先取襄樊，实施中间突破，沿汉入江，直取首府临安的灭宋方略。

釉里红莲花式大盘·元

当时襄阳、樊城两城夹汉水对峙，江中造有浮桥，可互相应援，地理位置十分险要，被南宋视为国脉所在，所以苦心经营多年，城墙坚固、兵精粮足。因此，襄、樊两城的得失，关系到整个战争的成败。忽必烈听取了南宋降将刘整的策略，焚毁浮桥，断绝两城联系。至元十年（1273）正月，元军攻破樊城，二月襄阳守将投降。

襄阳、樊城的陷落使南宋朝野震动，宋廷把战略防御重点退移至长江一线。但蒙古军步步逼进，继续南征。至元十一年（1274）十二月，元军主将伯颜以声东击西、避实击虚之策强渡长江，战争局势有了重要转折。此后蒙古军队节节胜利，先后攻下了南宋的许多重要城镇。自建康失守之后，南宋的长江防线也彻底崩溃。忽必烈命右丞相阿里海牙攻湖南，左丞相阿术攻扬州，伯颜率主力直取临安。至元十三年（1276）正月，三路大军会师于临安郊外。二月，南宋恭帝率百官降元。

宋恭帝投降后，忽必烈仍派兵对南宋王室进行追讨，直至至元十六年（1279），最终消灭了流亡在崖山的南宋残余势力，完成了全国的统一。

探索古文明 中国

元世祖出猎图（局部）·元·刘贯道

此图是元世祖至元年间（1264—1294）画家刘贯道根据元世祖忽必烈于深秋初冬之时率随从出猎时的情景所绘，画中骑黑马衣白裘者，应为元世祖。与世祖并辔衣白袍者，似为皇后。其余男女八骑，应是其侍从，或弯弓，或架鹰，或纵犬，或携猎豹。

推行行省制度

忽必烈建立的元朝实现了中国历史上一次新的大统一。元朝统治的疆域也是中国历史上最辽阔的。元代行省制度的确立，是中国行政制度的一项重大变革。元朝的中央政务机构中书省直辖今河北、山东、山西三省，及内蒙古、河南两省区的一部分，这些地方称为"腹里"。其他地方划为十个行中书省，分别称为岭北、辽阳、河南、陕西、四川、甘肃、云南、江浙、江西和湖广。行中书省简称行省，又称省。忽必烈灭南宋以后，逐渐把行省的设置固定下来。当时的行省是皇帝的派出机构，其官员配置与中书省大体相同，品级也相当，设丞相一员、平章政事二员、右丞一员、左丞一员、参知

第七章 金戈铁马踏出的王朝：辽·西夏·金·元

政事一员。只是为了防止外职过重，行省的丞相职务往往是空缺的。行省的职责是"统郡县，镇边鄙，与都省为表里。……凡钱粮、兵甲、屯种、漕运、军国重事，无不领之"。行省的主要官员直接向皇帝负责。行省以下，则有路、府、州、县。与前代相比较，元代的行政管辖范围进一步扩展到了许多边疆地区。

此外，元朝还对新疆、西藏等地进行了有效的行政管辖。忽必烈即位以后，为镇压西北诸王的叛乱，以阿力麻里（今新疆霍城永定镇西北）为军事重镇，并一度在这里设置行中书省。灭宋后，忽必烈进一步加强了对天山南北的治理，至元十八年（1281）设北庭都护府于哈喇火州，至元二十年（1283）又设别失八里、和州等处宣慰司。元朝在这里的治理方式基本上同内地一样。

从9世纪中叶起，西藏长期处于割据纷争的局面，这种情况一直延续到蒙古兴起的时候。13世纪中叶，驻在凉州（今甘肃武威）的蒙古宗王阔端与西藏喇嘛教萨迦派座主萨迦班智达建立了密切联系。公元1253年，忽必烈从凉州延请八思巴到他在漠南桓州的王府。他即位后即封八思巴为国师，后又称帝师，并依靠八思巴实现了对西藏的治理。至元初，他设总制院（后改为宣政院），由他任命的帝师执掌。宣政院有两重任务，一方面要管理全国释教僧徒，一方面要管理西藏的"军民财谷事体"。在藏族聚居地方，宣政院设有宣慰使以及宣抚使、安抚使、招讨使。

元世祖忽必烈于至元三十一年（1294）去世，已故太子真金的儿子铁穆耳登基，是为成宗。成宗死后，元朝统治者为了争夺帝位，相互残杀，大大削弱了元朝的统治力。最后一个皇帝妥懽帖睦尔于至顺四年（1333）即位，是为元顺帝。这时的元朝面临着一个政治腐败、财政枯竭、民不聊生的局面，再也无力回天。在各种矛盾交织之下于至正十一年（1351）爆发了红巾军起义，这场起义吹响了元朝灭亡的号角。

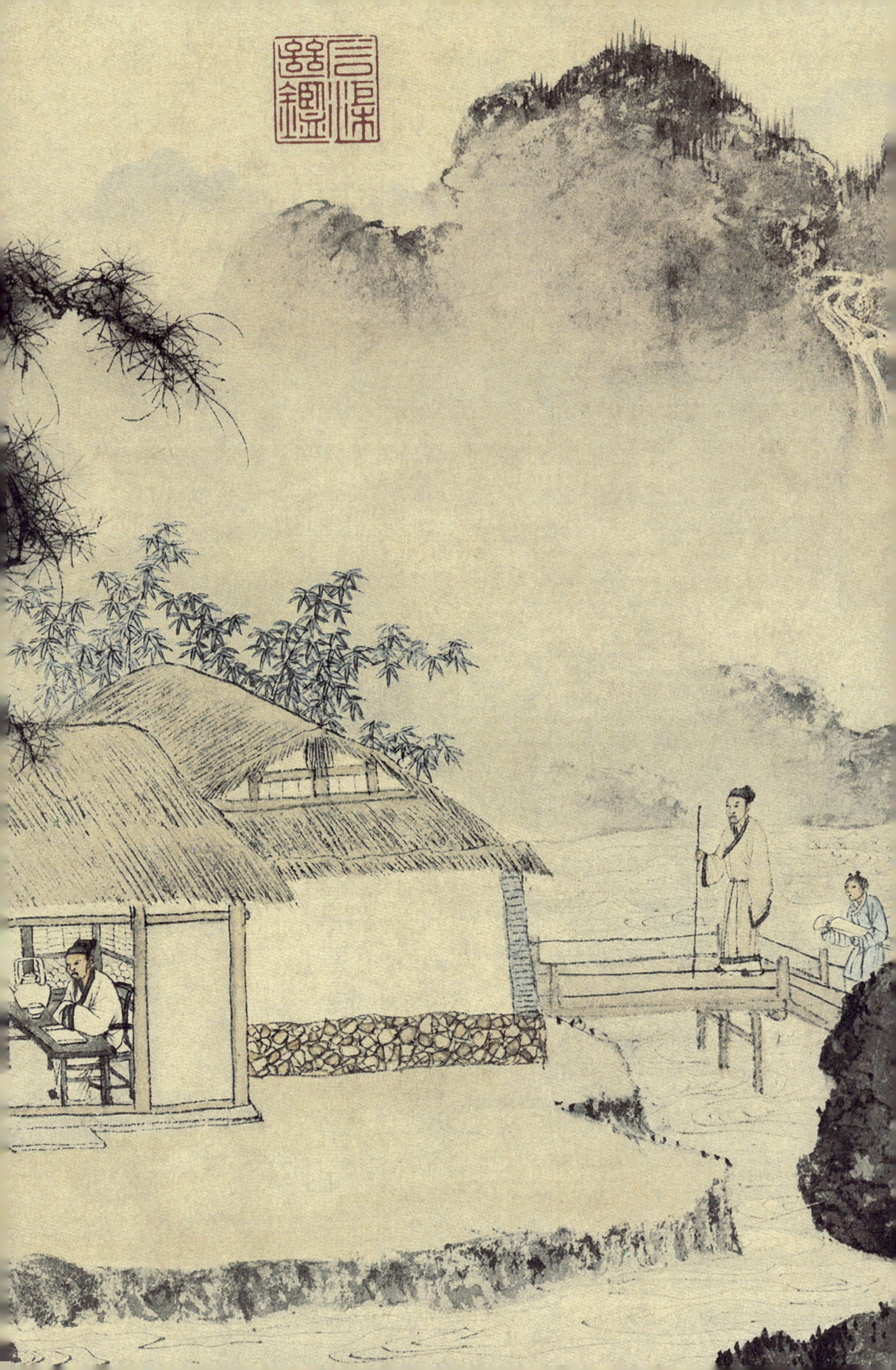

第八章

万里长城拱卫的社会：明

　　明代可谓一个空前森严的时代，明政府对于社会的监控，达到有史以来最为严密的程度。宦官专权是明政权的毒瘤之一，这让本就复杂的政治更加混乱、黑暗。八股取士的制度，将读书人完全圈禁起来，独立思想遥不可及。文治武功不可为，让士人对内在心性的修养更加细腻，他们在山水画中找到生命的慰藉，用舞台小说演绎着自己的梦想。在北方漫长的边境线上，废弃已久的长城被重新启用，既阻断了游牧民族的侵扰，也表现出明王朝统治者们眼光缺失的一面。

从和尚到皇帝　　靖难之役　　崇祯帝自缢煤山

探索古文明 中国

从和尚到皇帝

明

公元 1328 年—公元 1398 年

元朝末年，官场越发黑暗腐败，不堪忍受剥削和压迫的人民纷纷奋起抗争。朱元璋就是在元末农民起义中迅速成长起来的。

弃寺投军

朱元璋出生在濠州钟离（今安徽凤阳）一个贫苦的农民家庭，幼时名为重八。他从小就给大户人家佣耕放牧，童年也是在饥寒交迫中度过的。

元顺帝至正四年（1344），淮北发生了严重的旱灾和虫灾，疾病流行。在这场灾难中，朱元璋的父母和长兄先后死去。十七岁的朱元璋靠乡邻的帮助，草草埋葬了亲人，孤苦无依的他到附近的皇觉寺当了和尚。之后，灾情越来越严重，朱元璋离开寺庙做了游方僧，以化缘为生。他云游四方，三年多的时间里走遍了淮西、豫南一带，一路风餐露宿，饱尝人世艰辛，但这段时间的流浪也使他了解到民间疾苦，增长了社会见识。至正七年（1347）底，朱元璋回到了皇觉寺。

至正十一年（1351），韩山童（起义前夕被捕遇害）、刘福通领导的元末农民大起义爆发。次年，濠州也出现了一支几千人的起义队伍，为首的是定远（今安徽定远）人郭子兴。接到起义军中同乡汤和的相邀信后，朱元璋决意还俗从军，投奔了定远郭子兴，开始了他的戎马生涯。

独掌大旗

朱元璋入伍后，很快得到了郭子兴的赏识，被提升为亲兵九夫长。郭子兴还将养女马氏嫁给了他。从此，朱元璋的地位更加稳固，也是在这时他正式起名元璋，字国瑞。不久，朱元璋奉命回到家乡濠州钟离招兵买马。郭子兴让朱元璋带领这支队伍，并升他做了镇抚。通过不断招抚和收编，朱元璋的队伍迅速壮大起来。

至正十四年（1354），朱元璋把自己招募到的士兵交给了郭子兴，仅带领徐达等心腹来到定远。之后，他收编了一些队伍，并进行了整编，加紧训练，准备南下。这一年，朱元璋攻克了滁州。至正十五年（1355）正月，为了解决军粮紧缺的问题，朱元璋建议攻取和州（今安徽和县）。和州攻克后，朱元璋决定整肃军纪，禁止官兵杀伤掳掠，他的部队也因此深得百姓的拥护。至正十五年（1355）三月，郭子兴病死，朱元璋就任大元帅。此时，另一位起义军领袖陈友谅则占据江西、湖南、湖北一带，自立为王，国号汉。至正二十三年（1363）春，朱元璋与陈友谅在江西鄱阳湖展开决战。经此一役，朱元璋消灭了南方最大的割据势力，奠定了统一中国的基础。至正二十七年（1367）十月，在平定了张士诚之后，朱元璋命徐达为征虏大将军，常遇春为副将军，率主力部队开始北伐中原。次年四月，朱元璋亲自赴汴梁为攻克大都（今北京）做战略部署，并于八月初二攻陷大都，元朝灭亡。之后，朱元璋改大都为北平，意在平定北方，仍以应天（今江苏南京）为都城。

朱元璋像

朱元璋是从草莽英雄中涌现出来的帝王。他的成功，在于很好地把握了时机，把军事手段与政治手段紧密地结合在了一起。

探索古文明 中国

靖难之役

公元 1399 年—公元 1402 年

建文帝来势汹汹的削藩对于燕王朱棣来说，是灾难，也是一次机会。与其坐以待毙，不如奋起一搏，燕王最终选择了起兵夺权。

明太祖的爱子

朱棣是朱元璋的第四个儿子，洪武三年（1370）被封为燕王，洪武十三年（1380）就藩北平（今北京）。朱棣身材魁梧，智虑过人，从小就深受朱元璋喜欢。朱棣还熟悉兵法，经常带兵打仗，且屡立奇功。朱元璋以有这样的虎子而感到高兴，多次叫他领兵出征，并且把沿边的军权都交给了他。从此，燕王威名大振。

洪武二十五年（1392），朱允炆成了皇位继承人。但是朱允炆生性柔仁，他继承帝位，并不十分称其祖父之意。相反，朱棣长年镇守边镇，

历代帝王像之明成祖像·清·姚文瀚

战功非凡，被朱元璋看作明王朝坚强的支柱。然而，朱元璋若立朱棣为太子，就不合他所制定的立储"嫡长制"。朱棣有帝王之才，却无继位之份，就这样与皇位失之交臂了。

掷瓜而起

建文帝即位后，便开始大力削藩。精明的燕王自知威名在外，目标太大，这场风暴早晚会降临到自己头上。朝廷先以防边为由，调燕王府精锐护卫出塞，接着逮捕了王府的一些属官，杀了朱棣两个得力的护卫百户。北平布政使和都指挥使也换成了朝廷的心腹张昺、谢贵。北平有个都指挥张信，曾是燕王的旧部，他把这个秘密泄露给了燕王。朱棣见事情发展到这个地步，便秘密挑选了八百名精壮亲兵，乘夜调入府中以加强护卫，并与谋士道衍等人商议应变的计划。

建文元年（1399）七月，削除燕王爵位和逮捕王府所有属官的诏令公布。朱棣和亲信们商量，以交付所逮属官为名，把张昺、谢贵骗进王府，以摔瓜为号，诛杀二人，轻而易举地控制了北平城。朱棣正式起兵，他打出"靖难"的旗号在北平誓师，布告将士。

打起"靖难"旗

朱棣给建文帝上了一份奏疏，声称根据《皇明祖训》"朝廷若有奸贼，诸王可以发兵诛讨"，要求杀掉齐泰、黄子澄二人。建文帝没有理会，任命耿炳文为大将军，率师征讨燕王。从此叔侄兵戎相见，打了四年的内战，历史上称作"靖难之役"。

朱棣以北平为大本营，迅速占领了当时的交通要塞通州（今北京通州区），然后控制了居庸关，并先后克蓟州（今天津蓟州区），破怀来（今河北怀来东南），取密云，平定遵化，扫清了北平的外围。不到20天，归顺朱棣的军队人数已有数万。八月，耿炳文带领40万大军来到了真定府（今河北正定），燕王朱棣乘耿军新至不备，主动出击。耿军本来军心不稳，又见燕兵在朱棣的督师下异常骁勇，阵营大乱，大败而逃。

大军北伐

八月底，建文帝又命曹国公李景隆代耿炳文为大将军，领兵50万再次北征，结果被朱棣打得大败，丢盔弃甲，日夜南奔，最后龟缩到德州（今属山东）。

第二年的夏天，李景隆重整旗鼓，会合郭英、吴杰，集结了60万军队，号称百万雄师，从德州北上伐燕，双方在白沟河展开了一场激烈的大战。朱棣亲自率兵左冲右杀，并且几次陷入敌阵之中，险些丢掉了性命，他的战马也因负伤更换了3匹。第二天双方又杀得难解难分，中午时分，朱棣率领数千骑兵绕到敌后，突然冲入敌阵，群情激昂，势不可当。李景隆的几员战将战死，战场指挥失灵，军无斗志，战线崩溃。李景隆逃到济南，朱棣围攻济南三月不下，只好回撤北平。九月，建文帝又命盛庸取代李景隆，进行第三次北征。十月，朱棣佯称攻辽东，兵至通州，突然南下，连续击败盛庸守军。

皇位易主

建文四年（1402）正月，燕军进入山东，绕过守卫森严的济南，破东阿、汶上、邹县，直至沛县、徐州（均属山东）。四月，燕军进抵宿州，与跟踪袭击的南方军大战于齐眉山（今安徽灵璧境内），燕军大败，双方相持于泗河。在这次决战的关键时刻，建文帝受到一些臣僚建议的影响，把徐辉祖率领的军队调回

> 因为传位制度，朱棣险些与皇位失之交臂，然而他不因循守旧，主动出击，为明王朝的兴盛奠定了基础。

了南京，削弱了前线的军事力量，南方军粮又被燕军阻截，燕军抓住时机，大败南方军于灵璧，俘获南方军将领数百人。燕军士气大振，南方军却渐弱。朱棣率军渡过淮水，攻下扬州、高邮、通州（今江苏南通）、泰州等要地，准备强渡长江。朝廷这时已经乱成一团，一些公卿大臣纷纷借故外逃。

建文帝曾想以割地分南北朝为条件同燕王议和，结果被拒绝。六月初三，燕军自瓜洲渡江，并于十三日进抵金川门，负责守卫城门的李景隆开门迎降。燕王进入京城，文武百官纷纷跪迎道旁。燕王在群臣的拥戴下即皇帝位，是为明成祖，年号永乐。历时四年的"靖难之役"以燕王朱棣的胜利而告终。

郑和下西洋

公元1405年至公元1433年，明成祖七次派郑和下西洋，开创了中国航海史上前所未有的辉煌时期。伴随郑和出使的有2.7万余人，除水手、官兵之外，还有采办、工匠、医生和翻译等。海船的性能、装备都是当时世界上最先进的。船队中的大船舶名为宝船，长44丈、宽18丈。普通船只也有37丈长、15丈宽。在郑和下西洋的带动下，明朝的外交事业迅速发展。通过郑和的船队，更多的国家了解了中国，了解了明朝国势之强盛，物产之丰富，各国纷纷派遣使臣回访，表示愿意实现双方的友好交往。郑和远涉重洋，为明朝与海外各国的友好往来做出了巨大的贡献，他的航海成就在世界航海史上也是史无前例的。时至今日，南洋各国人民仍然尊奉郑和，为其立庙祭祀。

专题

明代瓷器

景德镇 御窑 青花瓷

明代，景德镇为全国制瓷业的中心，明廷于洪武初年在这里设置了御窑厂，为了满足宫廷、官府的需求，烧瓷不计工本，精益求精，并且大力创新。斗彩、五彩、素三彩、黄地红彩、白地绿彩等大量釉上彩绘瓷器创烧成功。从明代不同时期看，制瓷所选原料、烧制工艺水平和审美趣味的差异使得各个时期都生产了一些具有独特鲜明特点的瓷器品种。如永乐、宣德时期的青花、釉里红、甜白釉、红釉、青釉、蓝釉、酱釉、仿哥釉、仿汝釉瓷器；成化时期的青花、斗彩瓷器；弘治时期的黄釉瓷器；正德时期的孔雀绿釉、素三彩瓷器；嘉靖、隆庆、万历时期的青花、五彩瓷器等。

青花龙穿花纹扁壶

明永乐青花瓷器发色浓艳，有铁质黑斑，这是由于当时所用的青料是"苏麻离青"，这种青料是郑和下西洋的时候从海外带回来的，原产于伊朗。正是这种青料的使用，才成就了永乐朝青花瓷在中国瓷器史上的地位。此瓶所用青料就是典型的"苏麻离青"。

青花刘海戏金蟾图花觚

三彩云龙花果盘

盛放甜点水果的瓷器，内外皆饰以云龙纹，涂有黄、青绿、紫等釉色，以黑线描出轮廓。这种制作法为三彩的一种，俗名素三彩。三彩其实是五彩缤纷的，虽然看起来色调简单，事实上已经用了明亮色系的釉彩，只是因为色彩的调和，使得整个鲜艳的色彩不会影响到器物典雅的美感。

宣德景德镇窑青花五彩莲池鸳鸯图碗

此碗通体施白釉，釉色微闪青。内外均绘有青花五彩图案，主体纹样为腹部的鸳鸯莲池纹，两对戏水鸳鸯，色彩鲜艳，线条流畅。此碗是迄今发现的景德镇官窑明青花五彩瓷器中烧造最早、保存最完好的作品。

五彩鱼藻纹盖罐

白釉暗花爵杯

杯造型仿古铜器式样，椭圆口，深腹，下承三足，通体施白釉，白中闪青，釉下暗刻缠枝莲花。此杯形制古朴，纹饰流畅生动，纯朴自然，是嘉靖年间的典型单色釉瓷器。单色釉瓷，即一种颜色的瓷器，有一次高温烧成的，如青瓷、黑瓷、白瓷、霁蓝、霁红、茶叶末等；也有二次烧成的，如黄釉、孔雀蓝、瓜皮绿、茄皮紫等，先高温烧成白瓷或素胎瓷，再上色釉第二次低温烧成。

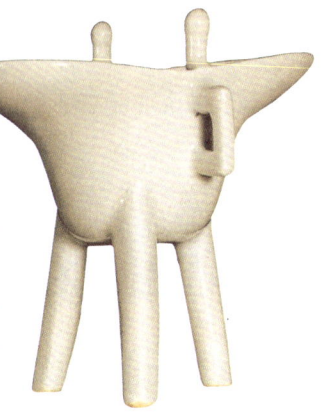

探索古文明　中国

抗倭名将戚继光

公元 1528 年—公元 1588 年

嘉靖年间倭寇肆虐之时，戚继光、俞大猷等名将挺身而出，以血肉之躯消除倭患，保东南沿海平安。

戚继光，字元敬，号南塘，晚号孟诸，山东蓬莱人。他出身将门，受父亲的影响，从小就立志疆场。当时正是倭患最严重的时期，于是他下定决心，定要消除倭寇之患。

编练戚家军

十七岁那年，戚继光承袭其父山东登州卫指挥佥事一职，开始了金戈铁马的一生。嘉靖三十二年（1553），戚继光升任署都指挥佥事，负责防御山东海上倭寇。两年后，经浙江总督胡宗宪的极力推荐，朝廷把戚继光调到浙江任参将，负责镇守倭寇出没频繁的钱塘江以东地区，即宁波、绍兴、台州三府及所辖各县。二十九岁的戚继光终于获得了大显身手、实现理想的机会。戚继光上任不久，就有一股倭寇进犯浙中门户龙山所（在今镇海）。明廷调集了数千军士防守，竟抵挡不住倭寇的进攻。新上任的戚继光冲到阵前，连发数箭，射死了为首的倭寇头目。倭寇群龙无首，无心恋战。明廷官兵则士气大振，一举击退了倭寇。

嘉靖三十八年（1559），戚继光针对沿海卫所废弛、旧军战斗能力低下的情况，亲自去义乌等地招募了一支由四千多名农民、矿工组成的新军。这支部队经过戚继光的严格训练，精通战法，军纪严明，在后来的战斗中屡战屡胜，被誉为"戚家军"。

戚继光很重视水师，他督造了四十四艘战船，分布于浙江松门（今温岭东）、海门（今台州椒江区）二卫。戚继光尤其崇尚"水战火第一"的思想，为此他给水师战船装备了当时最先进的火器，使战船在海战中发挥了很大作用。同时，戚继光结合实战需要，利用火器布阵进行阵法演练。他又根据中国沿海沼泽多而倭寇惯用重箭、长枪作战的特点，创造了一种攻防兼宜的"鸳鸯阵"，每队十二人，配备火器、弓箭等长短兵器，通过灵活变换队形，发挥各种火器和士兵的整体作战威力，在对倭作战中发挥了巨大作用。

❧ 戚继光故里"父子总督"牌坊

牌坊位于山东省蓬莱市区内戚家祠堂南门，明嘉靖四十四年（1565）朝廷为褒扬明代抗倭戍边名将、民族英雄戚继光及其父戚景通功绩而建。"父子总督"坊正间东立面单额枋雕刻"双龙戏珠"，龙门坊雕刻"戚家军凯旋图"，小额枋雕刻"狮子绣球"。西立面单额枋雕刻"凤凰牡丹"，龙门坊雕刻"鱼龙云海"，小额枋雕刻"咸凤祥麟"。次间雕刻分别雕有凤凰、仙人、麒麟、神兽等吉祥图案。

九战九捷

嘉靖四十年（1561）四月，数千倭寇驾驶百余艘战船大举入侵台州。戚继光得到战报，紧急部署兵力，戚家军神速迎敌，与敌人在台州展开了激战。戚家军在不到一个月的时间里，连续作战，九次皆捷，共歼灭倭寇五千四百多人，史称"台州大捷"。仅此一战，戚家军打出了军威，打出了名声，令倭寇闻风丧胆。戚继光在战场上看到了义乌人的英勇，于是又亲自到义乌招兵三千多人，扩建了队伍，补充了实力。在戚继光和其他将领的共同努力下，抗倭战争节节胜利。九月，浙江总兵卢镗、参将牛天锡分别率军在宁波、温州等地与倭寇交战十余次，大获全胜。至此，窜犯浙江的倭寇基本荡平，浙江沿海地区日趋安定，经济也逐渐繁荣起来。

戚家军凯旋时，台州百姓夹道欢迎，欢声雷动，载歌载舞。戚继光也因为英勇善战、军功卓著，很快就连升三级，前往福建继续抗倭大业。

> 戚继光出身将门，受父亲的影响，少有大志。当时倭患严重，他便以消除倭患为己任。

福建显威

嘉靖四十一年（1562），世宗任命俞大猷为福建总兵、戚继光为副总兵，负责福建用兵事宜。俞大猷是与戚继光齐名的抗倭名将，福建晋江人，历任参将、总兵等职，转战于东南沿海，战功卓著。戚继光和俞大猷相互配合，荡平了倭寇在横屿、牛田、林墩的三大巢穴。戚继光因此被倭寇称为"戚老虎"。此后，戚继光第三次赴义乌招募新兵万余人。嘉靖四十二年（1563）四月，戚继光在平海卫战役中，率中路军与右路军福建总兵俞大猷和左路军广东总兵刘显相互配合，取得了"平海卫大捷"。这次胜利，战果累累，歼敌两千两百多人，救出被掳走的百姓三千多人，收复兴化城（今莆田）。不久，戚继光升任福建总兵，负责镇守福建全省及浙江金华、温州两府。这年冬天，一万多倭寇围攻仙游，戚继光率军驰援，三战三捷。至此，入侵福建的倭寇基本被荡平。至嘉靖四十五年（1566），东南沿海的倭患基本消除，明代的抗倭战争，历时四十余年，终于结束了。

万历年间，戚继光因遭受排挤告老还乡，结束了四十余年的戎马生涯。后于万历十五年（1587）病逝，终年六十岁。

第八章 万里长城拱卫的社会：明

崇祯帝自缢煤山

公元 1644 年

崇祯帝即位之初就立志做"中兴"之主，但他的所有努力和挣扎都已经无法挽回明王朝的颓势。明朝和它的末主一起走向了穷途末路。

崇祯帝朱由检，光宗第五子、明熹宗的弟弟。他初登皇位，便开始了清除魏忠贤及其阉党的大举动，接着重新起用天启朝被陷害罢黜的大臣，考核众官，整顿吏治。在边政方面，崇祯帝起用了天启年间军功显赫的袁崇焕，裁减驿卒，清查钱粮以筹兵饷。在位的十七年里，崇祯帝成为明代后期少见的勤政皇帝。但此时的明朝，积弊已深，各种矛盾重重交织，再加上崇祯帝狂躁偏狭和多疑的性格，使明朝走到了崩溃的边缘。

✤ 崇祯皇帝像

京城被围

崇祯十五年（1642）二月，清军克松山，明将祖大寿也以锦州降清。九月，李自成攻破开封。此时的明朝军队已经丧失了抵御之力。崇祯十六年（1643），李自成一路攻城略地，并于第二年在西安建立大顺政权。眼看三秦尽失、明军分崩离析，崇祯帝悲叹道："朕非亡国之君，事事皆亡国之象。"崇祯十七年

探索古文明 中国

（1644）三月十六日，崇祯帝召群臣商议对策，突然接到紧急奏章，崇祯帝阅后大惊失色。原来李自成已由居庸关入昌平，焚毁明十三陵享殿，农民军40万已包围京城。

十七日早朝时，崇祯帝与群臣相对而哭。中午，彰义门、平则门、西直门炮声大震，城外三大营溃降。十八日，大顺军架云梯攻西直、平则、德胜诸门。而此时的明朝军士，已经数月未发军饷，都极度厌战。下午，掌管东厂的太监曹化淳打开彰义门，迎农民军进入外城。崇祯帝急召大臣协商对策，准备巷战。晚上崇祯帝和太监王承恩一起登上煤山（景山），只见满城火起，徘徊片刻，又回到乾清宫。

自缢煤山

崇祯帝眼见末日已到，于是让三个儿子化装出宫，然后挥剑砍死袁妃，周皇后也于坤宁宫自尽。崇祯帝来到寿宁宫，长平公主牵衣而哭，崇祯帝叹

楷书"九思"（明·朱由检）

朱由检是明朝第十六位皇帝，明光宗第五子，熹宗异母弟，年号崇祯，谥庄烈帝。传思宗书初学董其昌，草书秀润娟好，受到清世祖推崇。本幅大楷书"九思"二字，用墨浓丽，下笔遒劲有法度，似学唐颜卿书。另幅中御押"由检"，亦为少见的思宗花押。

🌿 十三陵总神道·明

神道两侧带有写实风格的精美石雕群，称为"石仪卫"或"石像生"，在设置上具有象征墓主生前仪卫和"保护"陵园的意义。

道："汝为何生我家？"他挥剑砍去，长平公主举臂遮挡，被砍断右臂，昏死过去。接着，崇祯帝砍杀了小女儿昭仁公主和几个嫔妃。

十九日，天刚破晓，太监王相尧开宣威门投降。接着，正阳门、朝阳门的守军也先后开门出降，北京内城被攻破。崇祯帝亲自在前殿敲钟召集大臣，但没有一人前来。崇祯帝彻底绝望，他和王承恩一起爬上煤山寿皇亭，在一棵树上自缢而死。崇祯十七年（1644）三月十九日，明亡。

十九日中午，李自成带领大顺军进入北京城。两天后，人们终于在煤山发现了崇祯的尸体。第二天，大顺政权将崇祯帝和周皇后的尸体一起停在东华门外临时搭建的灵棚中。四月初，二人的棺木被草草葬入昌平田贵妃的墓穴中。

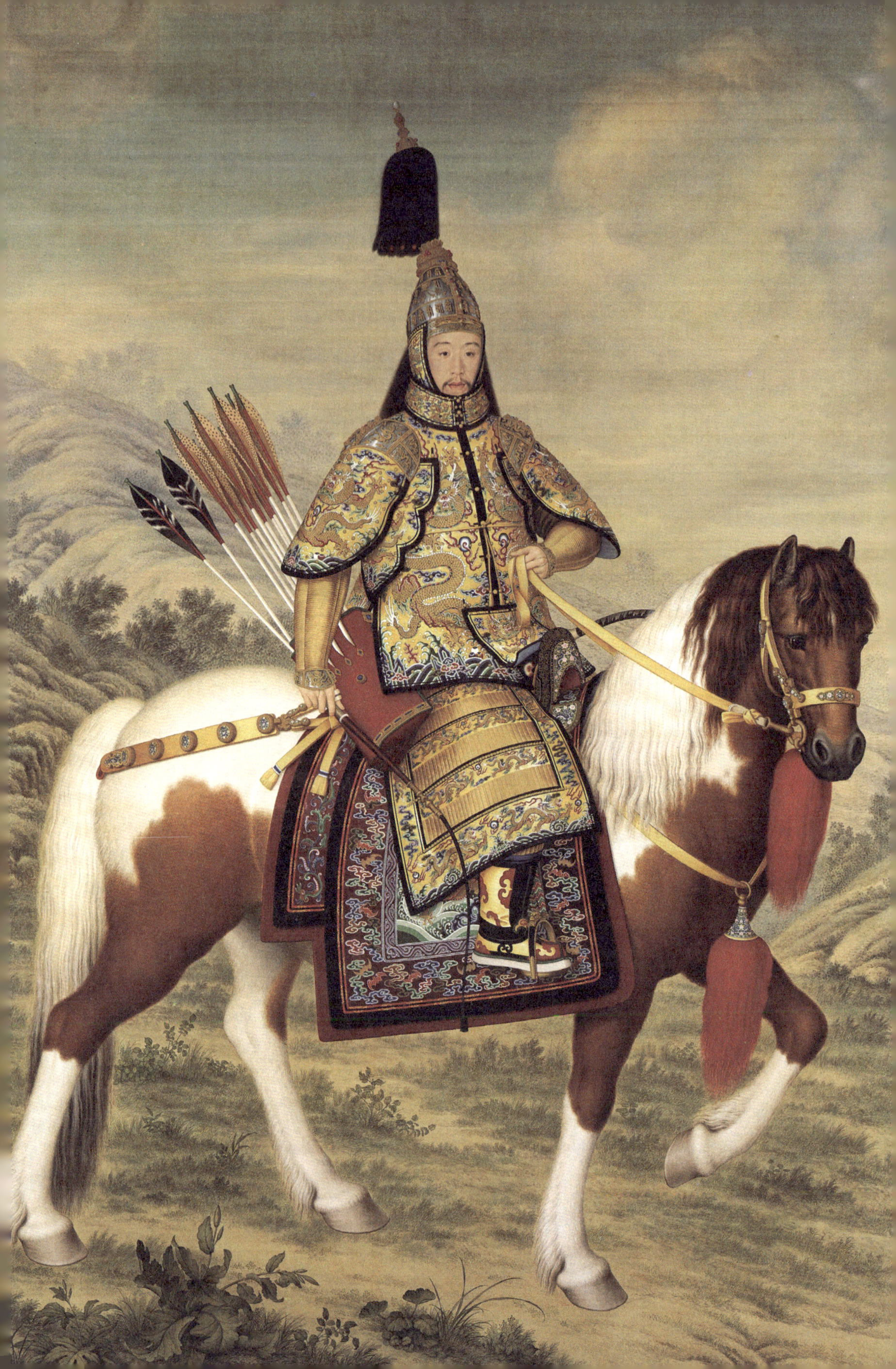

第九章

嬗变中的东方王朝：清

　　清王朝从不缺乏明君圣主，更不缺乏强将能臣，努尔哈赤以十三副铠甲起家，从东北"白山黑水"走向中原大地，皇太极建清，顺治入关，康雍乾开创盛世。

　　然而，清王朝遇上了一个特殊的大环境——世界正发生着亘古未有的革新，它就像个毫无危机意识的纨绔子弟，守着自己"天朝上国"的美梦不愿醒来，最终被时代抛弃，被西方列强欺辱，成了封建王朝制度最后的守门者。两千年君主专制制度在此终结，中国的历史掀开天翻地覆的一页。

皇太极建清　　　康熙帝削藩　　　乾隆大帝

探索古文明 中国

皇太极建清

清 公元1592年—公元1643年

努尔哈赤时期是一个朝代的初创和奠基时期，到了皇太极时期，关外大部分地区都已经为后金所有，皇太极开始调整统治政策，并考虑建制问题了。

皇太极"新政"

皇太极即位后，逐渐调整国家政策，不再像努尔哈赤那样只注重武力征服，而是开始以明朝的体制为参照，建立自己的政治架构。

一是改变了对汉人的政策。努尔哈赤时期，特别是后金军占领辽河平原以后，后金大量移民，强占汉人田地。努尔哈赤把俘虏的汉人分配给女真人做奴隶。种田的汉人，每十三个劳力编为一庄，为女真人的财产。在这种剥削制度下，辽东的汉民或逃亡，或反抗，女真人也因此付出了相当大的代价。一时间，后金国内丁壮锐减，田园荒芜，民不聊生。皇太极即位后发布命令，规定满汉分开，自立一庄，用汉官管理。同时皇太极还规定，汉人与女真人同样纳税，汉人犯法与女真人受同样的处罚。

二是开始选用一些汉官。也是因为后金统治下的汉人越来越多，是女真人的数倍，汉官更了解汉族的习俗，也更容易被汉人接受，其中范文程便是一个例子。范文程极受皇太极的重用，每逢议事，皇太极总是问：范章京知道吗？

三是举行科举考试，在汉人中选拔人才。科举考试至明朝时最为完善，明朝的官吏基本是通过科举选拔的。努尔哈赤时期杀戮了许多明朝生员，对所谓"通明者"或处死，或贬为女真人的奴仆。清天聪三年（1629），皇太极下令对这些为奴的生员进行考试，各家主人不得阻挠，结果得中者共200人。皇太极对这些考中者加以奖励，并让他们恢复自由身。后来皇太极又举行汉人生员考试，取中228人，从中录取举人，加以重用。同年，皇太极还设立了一个文馆，专管译书和记录政事。崇德元年（1636），又将文馆扩为内国史院、内秘书院、内弘文院，称为内三院。

四是改革并完善政权机构。早在天聪五年（1631），皇太极参照明朝的体制设立了六部，每部由管部大臣主持。管部大臣下面设立承政（尚书），分别由女真人、蒙古人和汉人担任。皇太极还仿效明制设立都察院，又创设蒙清理藩院，专门处理民族事务。这样，就形成内三院、六部、都察院和理藩院构成的所谓"三院六部二衙门"的政府架构，基本完善了政府组织的体制和结构。

五是废除同三大贝勒并坐制，改为皇太极"南面独坐"。这可不是简单的坐与不坐的问题，这是涉及君权的问题，而君权的问题是皇权时代的中心问题、根本问题，"南面独坐"是一个体制的象征。

清太宗文皇帝皇太极朝服像·清
皇太极在五十岁时，因为心爱的宸妃病死，健康状况急剧恶化，在清崇德八年（1643）八月病逝于沈阳清宁宫。

探索古文明 中国

满族与大清

通过以上种种措施，后金政权在北方的统治逐渐稳固下来。于是，皇太极做了两件彪炳青史的大事：一是改族名；二是建大清。

天聪九年（1635）十月十三日，皇太极发布改族名为满洲的命令，满洲族（简称满族）正式作为一个民族出现。次年四月十一日，皇太极在盛京（今辽宁沈阳）皇宫大政殿举行即皇帝位的典礼，改国号"大金"为"大清"，改年号"天聪"为"崇德"。在即位典礼上，由和硕贝勒多尔衮代表满洲捧满字表文，由土谢图汗、济农巴达礼代表蒙古捧蒙古字表文，由都元帅孔有德代表汉官捧汉字表文，皇太极称"宽温仁圣皇帝"。皇太极定国号"大清"，改"金"为"清"，用以淡化汉人对数百年前宋金对立历史的记忆，因为读音与"金"相近的"清"字，含有"廓清""扫清"之意，符合女真贵族兴兵灭明、统一天下的思想；统一族名为满洲，改掉明设置的卫所名"建州"是为回避历史上与明的臣属关系。皇太极称帝，表明了他不满于做地处一隅的女真族首领，而是要做统一大国的君主的政治抱负。

《贰臣传》

乾隆四十一年（1776），乾隆帝颁发谕旨，令于国史内另立《贰臣传》，即为降清的明朝官吏所作之传。乾隆帝认为，当初清朝开国之时，为求一统大业，对于归附、投降的明朝官吏，不得不加以重用，甚至还让部分官吏位列阁臣，封王拜爵。然而，君主向以"君为臣纲"为重、以激励臣节为要务，鼓励臣子尽忠，故应贬斥变节之举，提倡尽忠守节之风。于是在大力表彰明末清初因抗清遇难的明朝官员的同时，他下令编纂《贰臣传》。

第九章 嬗变中的东方王朝：清

康熙帝削藩

公元 1673 年—公元 1681 年

三藩之乱的平定，是清政府巩固自己统治地位的决定性事件。在当时的环境下，康熙帝能够力排众议，决定撤除三藩，是一个非常明智的决定。

三藩之患

铲平了鳌拜及其党羽的势力之后，康熙帝亲掌朝政，大力整顿吏治、奖励生产、惩办贪污，使得刚刚建立的清王朝逐渐强盛起来。康熙帝亲自书写了一个"治河、漕运、三藩"的条幅悬挂在书房中，表示对这三件事情的重视。这时南明政权虽然已经灭亡，但是南方的三个藩王却让康熙帝十分担心。

这三个人都是在清军入关时立下汗马功劳的明朝叛将。尚可喜和耿仲明（耿继茂的父亲、耿精忠的祖父）在清军入关前就投向了后金，在剿杀南方的反清民间势力时非常活跃。吴三桂则是引清军入关的关键人物，他还接收了缅人送还的南明永历帝，命人用弓弦把永历帝绞杀。清政府封吴三桂为平西王，驻防云南、贵州；尚可喜为平南王，驻防广东；耿仲明为靖南王，驻防四川（其子耿继茂袭爵后改为镇守福建），这三位降将的势力合起来叫作"三藩"。

> 吴三桂在西南地区根基深厚，势力稳固，起兵非常顺利，一直打到湖南境内。他又联合广东的尚可喜和福建的耿精忠这两处藩镇，反叛势力更加强大。

探索古文明 中国

三藩之中又数吴三桂势力最大。吴三桂在西南飞扬跋扈，借着清政府允许他掌握大量兵权之机，私自铸钱、煮盐；不经吏部批准，往全国各地擅调官员，不把清朝廷放在眼里。

下旨撤藩

康熙十二年（1673），靖南王耿仲明已死，由他的孙子耿精忠承袭王位。平南王尚可喜也已经年老，他的儿子尚之信在广东的军队中威信很高，尚可喜就向朝廷上书，祈求返回辽东老家养老，让儿子尚之信来承袭王位。康熙帝一直想找个理由把三藩裁撤掉，这次正好是个机会，他下旨批准尚可喜告老还乡，但是没有批准尚之信接替平南王爵位。这么一来，同时触动了吴三桂、耿精忠。他们想试探一下康熙帝的态度，就假惺惺地主动提出撤除藩王爵位，回到北方的请求。

吴三桂、耿精忠的奏章送到朝廷，康熙帝召集众臣商议对策。最终他同意了一小部分大臣的意见，决定召三藩进京。如果他们来，那就证明没有反意，可以逐步削夺他们的兵权，从容行事。吴三桂确实早有造反的意思，称病不来京城。康熙帝审时度势，下旨裁撤三藩。

清圣祖戎装像图·清

清圣祖康熙皇帝身着戎装在四名侍卫的陪同下坐在松树之下，其时康熙应该是二十几岁的年纪。此画应为亲政之后的作品。

三藩之乱

康熙十二年（1673），吴三桂在云南起兵。为了笼络民心，他脱下清朝的穿戴，换上明朝的服饰，重新使用明朝封给他的平西伯爵号。吴三桂还在永历帝的墓前焚香祭奠，并对民众说，自己当初引清军入关是为了驱逐李自成，没想到引狼入室，在隐忍了好多年后，他终于要替明王朝报仇雪恨了。一些人被吴三桂的花言巧语所蒙蔽，也起兵支持他。

吴三桂在西南地区根基深厚，势力稳固。刚一开始，反叛军很顺利，一直打到湖南境内。吴三桂看局势对自己有利，又派人跟广东的尚可喜和福建的耿精忠这两处藩镇联系，约他们一起叛变。虽然尚可喜并不同意造反，但是此时掌握兵权的是他的儿子尚之信，他已然被架空。这两处藩镇看到吴三桂的行动这么顺利，便决定加入，历史上把这件事称作"三藩之乱"。

失势败亡

三藩一起事，整个中国南部都被叛军波及，一时天下震动。不过康熙帝在这种状况下并没有慌神，他一面调兵遣将，集中兵力在湖南和吴三桂较量；一面下旨恢复尚、耿两人的藩王称号，从叛军内部来瓦解敌人。这之后，吴三桂的日子就越来越不好过了。尚之信、耿精忠一看形势对吴三桂渐渐不利，就又投降了清政府。

吴三桂开始虽然打了一些胜仗，可毕竟是以一隅之力对抗全国，他的军事力量渐渐被消耗。其他两藩又在阵前投降，吴三桂的处境越来越不妙。过了几年，吴三桂在衡州南郊筑坛祭天，自立为皇帝，国号为周，改元昭武，也过了一回皇帝瘾。这么一来，可就把他的野心昭告天下了，支持他的人就更少了。这之后没过多久，他就病死在了长沙。吴三桂一死，叛军节节败退。到了清康熙二十年（1681），清军分三路攻进云南昆明，吴三桂的孙子吴世璠自杀，其余叛军投降。历时八年之久的三藩之乱至此平定。

探索古文明 中国

统一台湾

公元 1683 年

郑成功从荷兰殖民者手中收复了台湾,并以此作为明朝的最后一处基地来对抗清朝。康熙二十二年(1683),施琅出征台湾,郑克塽请降。至此,清政府统一了台湾。

施琅投清征台湾

施琅,字尊侯,号琢公,福建晋江人。他原是郑成功的一员部将,史书上说他精习兵法,但为人偏狭;而郑成功则用法极严,不稍宽假。两个人在性格上就有分歧,虽然有从属关系,但其实是各带一支部队,属于合作的关系。有一次,施琅帐下的一员亲兵改投到了郑成功的军营里,施琅为此很恼火,就把这名亲兵抓回来处斩了。这件事造成了郑、施二人关系的彻底决裂。郑成功要问罪于施琅,施琅便带领一些部下投降了清政府。

清军以骑兵作战为主,军队中没有几个懂海战的将领,施琅的归顺让清政府大喜过望,立刻任命他为副将。康熙元年(1662),施琅又被任命为福建水师提督,康熙三年(1664)官至靖海将军。同年,曾发誓为报父仇、定要"踏平台澎,族灭郑氏"的施琅率领官兵向台湾进发,遇风而还。第二年五月,施琅又率领众将出征台湾,舰船行驶到澎湖一带,又遇到狂风暴雨。两次进攻都无功而返,攻取台湾的计划就此搁置不提。清政府转而对郑氏政权采取招抚的方针,但在几次招抚中,均因种种原因没有达成协议。

此时,郑成功已经去世,他的儿子郑经继承了延平郡王的爵位,继续抗

第九章　嬗变中的东方王朝：清

清。清康熙十三年（1674），发生了"三藩之乱"，郑经也企图趁机占据大陆沿海，图谋复明。数年间，清政府和郑氏在战场上反复交手，展开了长达五年的拉锯战。"三藩之乱"被彻底平定后，消灭台湾割据政权的事宜再次被康熙帝提到日程上来了。

攻取台湾

康熙二十年（1681），郑经病死，他的儿子郑克塽即位，郑氏集团内部争权夺利。施琅认为，这是统一台湾的最好时机，就上书朝廷，请旨出兵。朝中的大臣认为施琅是降将，不能重用，可康熙帝力排众议，让施琅"相机自行进剿"，给了施琅自由发挥的空间。

施琅感恩戴德，既为了报效国家，也为了平息家恨。康熙二十二年（1683）六月十四日，施琅率战船三百余艘，水师两万余人，发兵进攻台湾。他二十二日在澎湖大败郑军，击沉和俘获郑军大小船只近二百艘，杀死郑军将领三百余名、士兵一万两千余名，另有一百六十五名将领和四千八百名郑军士兵全部倒戈投降。

郑氏集团原本就因为内讧而实力大减，这一场惨败更是元气大伤。郑克塽派人到澎湖施琅军前谈判，提出隔海而治、纳贡称臣，施琅拒绝了他的条件。郑克塽在无奈之下向施琅递送了正式的降书，并交出了延平郡王的官印。八月，清军胜利进驻台湾，施琅亲往台湾接受了郑氏的归降。至此，中国又恢复了统一的局面。

国土神圣，方寸不少！

施琅雕像

探索古文明 中国

设置台湾府

台湾统一后,清政府对于是否要在台湾设立地方政府有过一场争论。一些官员认为:台湾土地狭小,人口稀少,能征收的赋税很少,如果设立政府,还要靠朝廷供养,要是派兵驻守的话,只是浪费粮饷。他们主张守澎湖,迁徙台湾人民到大陆居住,放弃台湾岛。但施琅和当时的闽浙总督姚启圣等人则反对上述主张,他们认为如果放弃台湾,台湾一定会被海盗或者外国殖民势力所占据,到时候反而会反复劳师动众。康熙帝在看了施琅的《陈台湾弃留利害疏》后,采纳了施琅的建议。清政府在台湾设置了台湾府和诸罗、台湾、凤山三县,由福建布政使管辖,并在澎湖设置了厅的行政机构,选派蒋毓英出任台湾首任知府。蒋毓英努力将台湾建制、组织与内地划一,如府县衙大门从原来的向西开改为中国传统的向南开。

施琅平定台湾图·清·无款

此图为施琅同时代人所绘,再现了施琅率军平定台湾的功绩。施琅平定台湾,奠定了清政府对台湾实施有效治理的基础,进一步加强了台湾和祖国大陆的联系。

第九章 嬗变中的东方王朝：清

乾隆大帝

公元 1711 年—公元 1799 年

> 康熙帝平三藩，收台湾，剿灭噶尔丹，开创了清朝前期的安定局面。雍正帝在位虽然只有十三年，但是励精图治，使得国库充盈。乾隆帝即位后，有着祖父和父亲两代奠定的基业，将清朝繁荣、强盛的局面发展到了极致。

爱新觉罗·弘历于雍正十三年（1735）九月即位，年号乾隆，时年二十五岁。乾隆帝在位六十年，接着又做了三年多的太上皇，在祖父康熙、父亲雍正两朝的基础上，奋发有为，勤于政事。政治上，他继续平定国内叛乱，抗击外来侵略，捍卫国家主权和领土完整，加强民族团结并大力整顿吏治；经济上，减免赋税，兴修水利，屯田垦荒；文化上，提倡汉学，编纂大量图书。

农业的发展

不论是耕地面积、粮食产量，还是当时的人口数量，清朝都远远超过了以往的历史时期。据统计，康熙二十四年（1685）全国共有耕地6亿亩，到乾隆帝去世（1799）时，全国耕地约为10.5亿亩，全国粮食产量则迅速增至2040亿斤。据当时随英国马戛尔尼使团来到中国的巴罗估计，中国的粮食收获率高出英国，如麦子的收获率为15∶1（也就是种下1斤麦子可以收获15斤），而当时在欧洲，粮食收获率居首位的英国也仅仅为10∶1。乾隆五十九年（1794），中国的人口约为3.13亿，而当时全世界的总人口约为9

探索古文明 中国

心写治平图卷之乾隆皇帝像·清·郎世宁

亿,可见,当时中国人口占全世界总人口的三分之一。

发达的工商业

乾隆时期的手工业也有着相当程度的发展。随着生产规模的扩大,手工作坊逐渐增多,全国出现了许多手工业中心,如广东的冶炼业、京西的采煤业、江南的纺织业、云南的铜矿业等。同时,商品市场也有了一定的发展,粮食、布匹、棉花、丝、绸缎、茶、盐成为主要商品,其全国流通值为3.5亿两白银,如果加上烟、酒、糖、油、煤、铁、瓷器、木材,则不少于4.5亿两,以当时人口3亿计,人均商品流通值为白银1.5两。

商业的增长不仅仅表现在国内贸易上,乾隆时期的国际贸易也有了很大的发展。当时中国的主要出口商品是茶叶、蚕丝、土布以及陶瓷等。18世纪末,英国东印度公司每年平均从中国购买价值大约400万两白银的茶叶,而英国商人运到中国来销售的全部商品的总值,还不足以抵消从中国进口茶叶的一项,中国的对外贸易处于极大的顺差地位。到了乾隆末年,中国海关每年的关税盈余就达85万两白银。

十全武功

所谓"十全武功",是指乾隆帝在位的时候进行的十次战争。这十次战争是指:两次剿平准噶尔叛乱;一次平定回部叛乱;两次剿灭大小

第九章　嬗变中的东方王朝：清

金川叛乱；一次平定台湾叛乱；征讨缅甸、安南（今越南）各一次；西藏两次受到廓尔喀（今尼泊尔）的进攻，清政府两次派大军击败廓尔喀侵略军。这十次军事行动中，

> 乾隆帝即位后，有着祖父和父亲两代奠定的基业，将清朝繁荣、强盛的局面发展到了极致。

对国内边境少数民族的平叛战争均取得了胜利，对外战争也均以外国求和而结束。

文化盛世

有清一代，文治方面在乾隆朝达到鼎盛，其中最为突出的则是历时十余年修撰的《四库全书》，这是中国历史上规模最大的一部丛书。据对文津阁本的统计，《四库全书》共收书3457种，另有存目6766种。《四库全书》采取图书分类的经、史、子、集四分法，经部收儒家经典及注疏、研究著述，史部收《史记》以来历代正史、别史及史学著述，子部收秦汉诸子著述以及历代子书、研究著述，集部收楚辞、历代文章总集、历代重要学者和作家的文集。《四库全书》堪称学者了解、研究传统学术文化的津梁与宝库。

另外，乾隆帝还下令将汉文、蒙古文《大藏经》译成满文，并用朱文刻印；整理《无圈点老档》（又称《满文老档》《旧满洲档》）；敕编《八旗通志》《满洲源流考》等。乾隆帝非常重视京师文化，编绘了《京城全图》，编修了有关北京历史的《日下旧闻考》，载述宫廷历史、建筑、文化、典制等内容的《国朝宫史》。

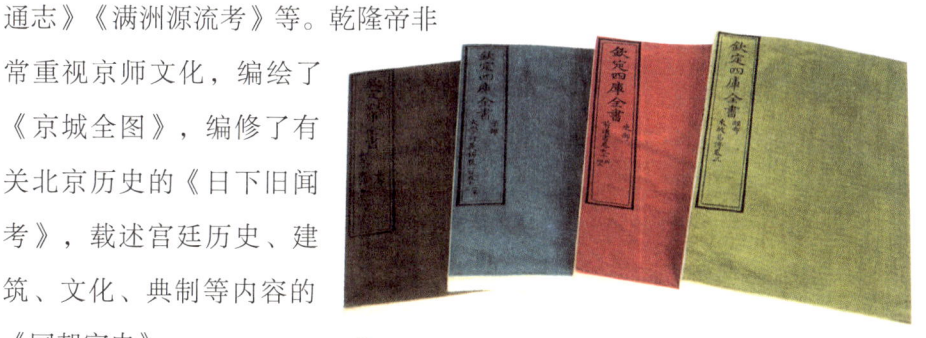

《四库全书》书影

探索古文明 中国

虎门销烟惊中外

公元 1839 年

道光年间，英国、法国等国的商人在广州地区疯狂贩卖鸦片，毒害中国人民，攫取大量白银。公元1839年6月3日，林则徐下令在虎门海滩当众销毁鸦片。虎门销烟是中国人民禁烟斗争的伟大胜利，向全世界表明了中国人民反侵略反压迫的无畏斗志。

钦差上任

19世纪初，为了获得大量的财富，英国开始往中国大量贩卖鸦片，有些美国商人也参与了这一勾当：公元1820年偷运鸦片达5147箱，公元1821年达7000箱，公元1824年则达到12639箱，这造成了中国大量的白银外流。道光帝曾多次发布上谕，命广东和各省督抚查禁银两出口及鸦片进口。但这些谕令没有得到严格的实施，朝臣也有不同的主张：一些大臣主张严厉查禁鸦片，对于吸食和贩卖者严惩不贷；另一部分大臣则主张对于鸦片采取弛禁的方针，为了不影响和外国的"友善邦交"，要逐步禁止。道光帝则犹豫不决，所以一直也没有真正把鸦片的禁绝彻底实施，直到林则徐的出现。

林则徐，福建侯官（今福州）人，嘉庆年间进士。道光十八年（1838），林则徐奉旨从湖广总督任上来到北京。为了听取林则徐对于禁鸦片的具体意见和措施，道光帝在八天之中连续召见林则徐有八次之多，并赐林则徐在紫禁城内骑马（对于大臣来说这是一种莫大的殊荣），最后任命林则徐为钦差大臣，节制广东水师，前往广东禁烟。

🍀 虎门炮台遗址

收缴鸦片

　　林则徐到达广州后，立即面会两广总督邓廷桢，表示了朝廷禁鸦片的态度和自己的决心。林则徐吸取了此前禁鸦片的经验，没有惊动外国鸦片贩，一切调查取证都在秘密进行。道光十九年（1839），林则徐突然颁布收缴外商鸦片的命令。林则徐会同两广总督邓廷桢和广东巡抚怡良，在钦差行辕传讯十三行洋商，这时候洋商还以为这位钦差和前面的钦差一样，只是做做样子而已。可林则徐当众表示："若鸦片一日未绝，本大臣一日不回。"

　　林则徐将这纸命令交给行商总头目伍绍荣，命令他转给外国鸦片贩，限他们三天之内将自己船上的所有鸦片全部交出来，如果到期不上缴，则封船封港。林则徐还要这

探索古文明 中国

些鸦片贩出具保证书，但这些在广州地面上飞扬跋扈惯了的商人都不买林则徐的账，他们不仅不交鸦片，还采取抵制和抗拒的措施。英国商务监督查理·义律指使大鸦片贩子颠地逃跑，并阻止英商呈缴鸦片、出具保证书。

不过，广州的居民看到了林则徐禁烟的决心和魄力，他们都纷纷行动起来，支持林则徐的缴烟令。在外国商馆外，不分昼夜都有群众在巡视；渔民们也主动协助水师官兵监视海上的鸦片趸船。为了敦促那些烟贩交出鸦片，林则徐下令停止了中英贸易，并派兵丁严守商馆，断绝了商馆与澳门的交通，还撤走中国在商馆中的雇员。这些严厉的措施使得广州商馆成了一座陆地上的孤岛，里面的商人要吃的没吃的，要喝的没喝的，也不能和外部取得联系。最后，商人头领查理·义律终于同意上缴鸦片。

在这一个多月里，林则徐和邓廷桢等官员，一共收缴了2万多箱鸦片，共计237.6万多斤，这在清朝禁烟史上是破天荒的胜利。

虎门销烟

接着，林则徐在广东巡抚怡良等人的陪同下在虎门开始销烟。清兵在虎门挖了两个15丈见方的销烟池，先从销烟池后面的水沟里把水引入销烟池内，撒入

◆ 林则徐雕像

林则徐
1785-1850

第九章 嬗变中的东方王朝：清

食盐，使池水成为盐卤，然后把一箱箱的鸦片运到池边，打开箱盖，将鸦片切开捣碎，投入池中，浸泡了半日，再撒下生石灰。生石灰产生的热量，使得池水沸腾起来，士兵们站在池边，手拿铁锄来回翻搅，使鸦片完全溶在水中。等到海水退潮时，再打开销烟池前面的涵洞，使溶水后的鸦片随着浪花冲入大海。最后还用清水刷涤池底，不留一点烟灰。

为了震慑外国烟贩，林则徐还发出告示，准许中外人士到销烟现场参观。除留下8箱作为样品送往京城外，2万多箱鸦片全部销毁了。林则徐主持下的震惊世界的虎门销烟壮举，向全世界表明了中国人民决心禁烟和反抗外国侵略的坚强意志，谱写了近代史上中国人民反对外国侵略的光辉篇章。

《查禁鸦片烟章程》

鸦片大量输入中国前，中国一直保持顺差（"出超"）。欧洲商人为改变在对华贸易中的不利地位，不惜将鸦片贩卖到中国。清政府对鸦片一直采取禁止吸食和进口的政策。嘉庆二十年（1815），根据两广总督蒋攸铦等人的上奏，清廷制定了《查禁鸦片烟章程》，主要内容如下：外洋商船到澳门后，要先开出货单报送查验，然后才准卸载，如带有鸦片，则将所有货物全数驳回，不准贸易，并将船只驱逐。对拿获鸦片及收缴鸦片者，给予奖赏，官员没获200斤给予记录一次，没1000斤则加一级，如累积至5000斤以上者，进京觐见，由皇帝赏赐；军民则可得商银。此外还规定，凡查出鸦片烟案，地方官员如系故意放纵，要严加查处；如仅是失察，则宽免处分，以示区别。此章程颁布后，仍未能令行禁止。到道光元年（1821），鸦片的大量进口已使中国对外贸易成逆差，白银大量外流。

"探索古文明"

中国

选题策划：陈丽辉
项目统筹：韩　飞
文字编辑：韩　飞
封面设计：周　正
版式设计：蒋碧君　罗筱玲
美术编辑：张大伟
图片提供：中国国家博物馆
　　　　　故宫博物院
　　　　　首都博物馆
　　　　　河北博物院
　　　　　河南博物院
　　　　　上海博物馆
　　　　　湖北省博物馆
　　　　　陕西历史博物馆
　　　　　西汉南越王博物馆
　　　　　中国台北故宫博物院　等